产业工人队伍建设改革试点

案例汇编·第一辑

推进产业工人队伍建设改革协调小组办公室◎编

中国工人出版社

前言

产业工人队伍建设改革是习近平总书记亲自点题、亲自部署、亲自指导的重大改革，是党和国家一项具有战略性、全局性的重大决策部署。

自 2017 年 4 月中共中央、国务院印发《新时期产业工人队伍建设改革方案》以来，在中央全面深化改革委员会办公室的指导下，全国总工会积极牵头抓总，各相关部委协同推进，各级党委、政府、工会认真贯彻落实，制定改革方案、出台改革举措，坚持问题导向、突出工作重点，加强督促检查、狠抓改革落地，努力建设一支有理想守信念、懂技术会创新、敢担当讲奉献的宏大的产业工人队伍。

2020 年初，针对落实《新时期产业工人队伍建设改革方案》中存在的问题、短板和不足，为探索解决矛盾困难的办法举措，推进产业工人队伍建设改革协调小组下发通知，部署开展产业工人队伍建设改革第一批全国试点工作，同时要求各省（区、市）、新疆生产建设兵团围绕产业工人队伍建设改革的重点举措和推进过程中存在的问题困难，选择一些地方和企业开展试点。

试点工作通知下发后，各全国试点单位和地方试点单位以习近平总书记关于产业工人队伍建设改革的重要指示精神为指导，抢抓试点机遇，围绕产业工人队伍建设改革重点任务和难点问题大胆探索、创新举措，形成一批针对性操作性强、可复制可推广的经验做法。

为深入贯彻落实习近平总书记关于工人阶级和工会工作的重要论

述，特别是关于产业工人队伍建设改革的重要指示精神，落实王东明同志关于深入开展“产业工人队伍建设改革提升年”行动部署以及全总党组、书记处的要求，总结推广第一批试点经验，充分发挥改革试点先行先试、示范引领作用，扎实开展好第二批试点工作，进一步推动产业工人队伍建设改革举措落地见效，推进产业工人队伍建设改革协调小组办公室面向全国征集第一批试点典型案例。

在各单位和各地积极报送的基础上，我们选取了75个案例，其中全国试点（包括全面试点和项目试点）典型案例23个，各省（区、市）、新疆生产建设兵团等地方试点案例52个。这些案例涵盖不同层面，囊括不同类型，重点突出、特色鲜明，既有围绕产业工人队伍思想政治引领、建功立业、素质提升、地位提高和队伍壮大全面推进改革的，也有围绕改革的专项任务重点突破的；有来自政府部门和工会的，也有来自企业、职业院校的；有来自省、市一级的，也有来自区县、街道的；有来自央企和省、市属国企的，也有来自非公企业的。他们在实践中积累了许多成功经验，希望各地认真学习借鉴，大胆改革探索，努力把产业工人队伍建设改革工作提升到新水平。

在案例征集过程中，各地推进产业工人队伍建设改革协调领导机构和各试点单位高度重视、积极响应，对征集活动给予了大力支持，在此表示衷心的感谢！

推进产业工人队伍建设改革协调小组办公室

2021年7月

关于开展产业工人队伍建设改革试点工作的通知

产改字〔2020〕1号

推进产业工人队伍建设改革协调小组各成员单位及参与单位，各省（区、市）、新疆生产建设兵团推进产业工人队伍建设改革领导机构，各试点单位：

为深入学习贯彻习近平总书记关于产业工人队伍建设改革的重要指示精神，贯彻落实《新时期产业工人队伍建设改革方案》，根据全国推进产业工人队伍建设改革工作电视电话会议要求，自2020年起，在一些地方和企业开展产业工人队伍建设改革试点。现就试点工作有关事项通知如下。

一、指导思想

以习近平新时代中国特色社会主义思想为指导，认真学习贯彻党的十九大和十九届二中、三中、四中全会精神，深入学习贯彻习近平总书记关于工人阶级和工会工作、关于产业工人队伍建设改革的重要论述，针对落实《新时期产业工人队伍建设改革方案》中存在的问题、短板和不足，充分发挥改革试点先行先试、示范引领作用，探索解决矛盾困难的办法举措，形成一批针对性操作性强、可复制可推广的经验做法，进一步完善相关政策制度，推动产业工人队伍建设改革举措落地见效。

二、试点安排

（一）全国层面试点。试点采用全面试点和项目试点相结合的方式分批进行。第一批试点安排13个地方和企业，其中全面试点单位6个，项目试点单位 7 个。试点期限一年，也可根据实际需要适当延长。

1. 全面试点单位：黑龙江省、江苏省、成都市、国家电网公司、山东豪迈机械科技股份有限公司、金川集团股份有限公司。

试点工作要根据《新时期产业工人队伍建设改革方案》要求，按照政治上保证、制度上落实、素质上提高、权益上维护的总体思路，改革不适应产业工人队伍建设要求的体制机制。结合已出台的配套改革措施，重点围绕产业工人队伍思想政治引领、建功立业、素质提升、地位提高和队伍壮大等方面进行积极探索，力求取得突破。

2. 项目试点单位及内容：

（1）红豆集团有限公司——加强非公企业党建工作，探索在非公企业开展党建工作的方式方法。

（2）宁波舟山港集团有限公司、曹妃甸港集团股份有限公司——创建跨区域、跨行业、跨企业的劳模和工匠人才创新工作室联盟，进一步推动群众性技术创新活动融入国家创新体系。

（3）东北工业集团有限公司——依托大型骨干企业建设示范性高技能人才培训基地，建设工匠学院，孵化拔尖人才，培育更多高技能人才。

（4）中国中车集团有限公司——建立健全培养、考核、使用、待遇相统一的激励机制，探索物质奖励与精神鼓励、短期激励与长效激励相结合的激励体系，努力实现多劳者多得、技高者多得。

（5）北京吉利大学——改革职业学校的办学方式、教学模式和课程体系，提高职业教育的质量。

（6）广东省——完善劳务派遣工管理机制，切实保障劳务派遣工的合法权益。

（二）地方层面试点。各省（区、市）、新疆生产建设兵团围绕产业工人队伍建设改革的重点举措和推进过程中存在的问题困难，选择一些地方和企业开展试点。试点工作情况及时报推进产业工人队伍建设改革协调小组办公室。

三、工作要求

（一）切实提高政治站位。充分认识抓好产业工人队伍建设改革试点工作，是学习贯彻党的十九大和十九届二中、三中、四中全会精神，深入落实习近平总书记关于工人阶级和工会工作、关于产业工人队伍建设改革重要论述，把产业工人队伍建设改革不断引向深入的重要举措，增强思想自觉、政治自觉、行动自觉，以更大的决心、更大的勇气、更大的力度推进改革试点工作。

（二）切实加强组织领导。推进产业工人队伍建设改革协调小组成员单位及参与单位要加强沟通协调，同时根据各自职责，针对试点内容对相关试点单位进行具体指导。试点单位所在地区，要坚持党委统一领导，政府有关部门各司其职，工会、行业协会等充分发挥作用的试点工作领导机制，抽调精干力量组成专门工作机构，明确责任分工，统筹各方力量，完善协调联动，层层传导责任，形成齐抓共推改革试点的整体合力。推进产业工人队伍建设改革协调小组办公室将适时对试点单位工作情况进行督导。

（三）切实突出问题导向。加强调查研究，多渠道征求各方面特别是产业工人的意见，认真梳理重点难点问题，切实把关键问题吃透，把工作思路厘清。进一步深化对《新时期产业工人队伍建设改革方案》等现有政策制度的认识和理解，把握政策举措的出发点、着力点和切入点，找准用活政策依据，下大力研究解决重点难点问题，充分发挥政策制度的指导支撑作用。增强创新意识，进一步调动各方面的积极性、主动性和创造性，因地制宜大胆探索、集中力量攻坚克难，多动脑筋、多想办法、多出实招，推动试点工作效益最大化。

（四）切实抓好宣传引导。加强改革试点工作的宣传报道，广泛宣传试点工作的重要意义，进一步凝聚社会共识，形成推进试点工作的强大动力。利用网络、报刊、电视、广播等媒体，以广大产业工人喜闻乐见、易于接受的方式，加强对试点举措的解读、试点进展的宣传、产业工人贡献的展示，树立正确的舆论导向，营造社会各界关心尊重产业工人、支持参与产业工人队伍建设改革的良好氛围。

四、有关事项

（一）方案拟制。聚焦重点环节，因地制宜拟制工作方案，明确时间表和路线图。各试点单位在收到通知后一个月内，将试点工作方案、组织领导机构情况、联系人及方式报推进产业工人队伍建设改革协调小组办公室。方案经推进产业工人队伍建设改革协调小组办公室审定后，严格抓好贯彻落实。

（二）信息报送。各试点单位每季度向推进产业工人队伍建设改革协调小组办公室上报工作进展、矛盾问题以及意见建议，重要进展、重点成果、瓶颈问题等可随时上报。推进产业工人队伍建设改革协调小组办公室将定期或不定期下发简报，宣传推广各单位经验做法和成果。

（三）工作总结。及时补充完善工作台账，对取得的经验、存在的问题，分门别类进行梳理，认真研究思考对策，努力形成一批具有部门、地方、产业和企业特色的改革试点成果。试点期满后，推进产业工人队伍建设改革协调小组将对改革试点工作进行总结。

推进产业工人队伍建设改革协调小组办公室邮箱：changai@acftu.org

推进产业工人队伍建设改革协调小组

（中华全国总工会代章）

2020 年 1 月 3 日

目录

上篇　全国试点案例

‖ 下篇　各地试点案例 ‖

上篇

全国试点案例

聚焦技能素质提升　服务龙江产业振兴 深入推进新时代产业工人队伍建设改革

黑龙江省产业工人队伍建设改革领导小组办公室

黑龙江省是“共和国工业摇篮”、全国著名的老工业基地。2020年，黑龙江省以全国试点为契机，大力推进产业工人队伍建设改革试点工作，改革内生动力和改革效能持续迸发，整体合力持续释放，取得显著成效。

一、高度重视、精心布局，强化试点工作顶层设计和高位推动

黑龙江省委高度重视产业工人队伍建设改革试点工作，2020年4月，以省委民主法制领域改革专项小组名义印发《黑龙江省产业工人队伍建设改革试点工作实施方案》，选取了25家试点单位，其中若干家试点单位所在的4个地级市的GDP占到全省GDP的71.8%，覆盖了全省53.3%的人口。试点单位涵盖了农、林、铁、煤、油五大支柱产业，将国家级自由贸易试验区、边境口岸、龙江经济“十强”县和国家级生态示范区全部囊括。在新冠肺炎疫情防控的严峻形势下，试点工作蹄疾步稳，加速推进。

2020年下半年，黑龙江省连续召开全国调研座谈会、推进座谈会、推进会，深入研究新时期产业工人队伍建设改革工作，将其列入省委全面深化改革委员会（以下称为“深改委”）重点改革督查计划、纳入省直机关年度目标评价体系。在被纳入省委深改委“民主法制领域”改革内容的基础上，产业工人队伍建设改革工作又被力推纳入“经济体制和生态文明体制”改革任务，成为“新时代加快完善社会主义市场经济体制”的重要改革内容。同时，黑龙江省委编印《产业工人队伍建设改革文件汇编》，及时将最新政策文件印发给全省各相关单位。

二、举旗帜、筑信念，全面加强产业工人思想政治引领

黑龙江省委高度重视产业工人队伍思想政治工作，用习近平新时代中国特色社会主义思想教育职工，增强“四个意识”，坚定“四个自信”，坚决做到“两个维护”，与龙江精神的传承有机融合，凝聚振兴发展力量。2020 年 4 月，出台《关于加强和改进新时代产业工人队伍思想政治工作的具体措施》，明确 14 个省直单位的责任分工。

黑龙江省总工会计划投入 1600 万元，启动“产业工人思想政治骨干引领工程”，培训 1.5 万名骨干“头雁”，以工作岗位为核心，以基层单位及周边为辐射半径，推动基层工会助力搭台，广泛开展宣讲活动，充分释放骨干队伍“播种机”效能。省委常委会专题研究弘扬“劳模精神、劳动精神、工匠精神”。2020 年全省 102 名全国劳模中，产业工人占比达 41.2%。省总工会选树 100 名“龙江工匠”，并首次给予每人一次性奖励 5000 元，使得一批“大国工匠”脱颖而出。黑龙江省总工会推动思想教育有形化、具象化，持续提升教育传播效能；挖掘利用哈尔滨市全国第六次劳动大会旧址，筹建“黑龙江省工人运动史纪念馆”，传承红色基因；以大庆石油馆为平台，打造“黑龙江新时代产业工人思想教育基地”，该基地也被全国总工会推荐为中央文明委全国首批重点工作项目联系点，接待 400 余场次共 5 万余名省内外产业工人参观学习；推动建设 100 家企业职工思想政治教育实践点，做实载体，优化体验，增强了教育效果。

三、搭“平台”、筑“赛道”，全力打造适配龙江产业转型升级要求的技能人才队伍

推动黑龙江产业升级，让“共和国工业摇篮”迸发出新的时代活力，是龙江振兴面临的首要任务。全省各级工会组织将提升职工技能素质作为产业工人队伍建设改革的核心任务，努力为龙江振兴发展蓄势贮能。2020

年初以来，黑龙江省总工会以“造就一支宏大的新型产业工人大军，当好主人翁、建功新龙江”工作主线为核心，积极打造“知识型、技能型、创新型”产业工人大军。

黑龙江省政府出台竞赛实施意见，成立竞赛委员会，在全省开展劳动、技能、创新、节能、安全“五个百万”职工劳动和技能竞赛；聚焦省委确定的重点企业，开展示范性竞赛；聚焦500个省级“百大项目”，开展劳动竞赛；聚焦高端装备制造等重点产业，开展技能竞赛。推动规模以上工业企业、国有企业率先发力，带动竞赛向非公企业和新兴产业拓展。各级工会举办竞赛10758场，参赛企业2.6万家，占已建工会企业的73%；参赛职工579.6万人次，转化经济效益12.6亿元。一年来，1.34万人提升了技能等级，初步建立培训、练兵、竞赛、晋级、奖励“五位一体”的技能人才培养长效机制，实现了企业增效益、职工提技能、全社会尊重的良好效果。2020年，选树了100名“龙江工匠”，首次选树了300对“好师傅、好徒弟”，评选了33项职工创新项目、1000项“五小”创新成果等，奖励资金达695万元。在全省产业工人队伍中，劳模精神、劳动精神、工匠精神日益彰显，“劳动光荣、创造伟大、技能宝贵”的时代风尚更加浓厚。

四、产教融合向纵深发展，产业工人素质不断提升

面对技工总量不足、年龄老化、招工难等问题，试点城市齐齐哈尔市市委、市政府高度重视，积极探索开展“人教岗”模式。通过人力调查，组建信息库，实名制收录35周岁以下未稳定就业“两后生”38.43万人，收录未来3年企业拟培训职工4.98万人，收录入库岗位1.43万个；按照“调查+培训+服务+就业”模式，以技师学院为核心，从源头培养4634人，实现订单式就业2498人，开展补贴性技能培训8.39万人次，实现了技能人才开发、培养与就业之间的精准对接。

黑龙江省教育厅以农民工、退役军人和下岗职工为主要生源，在高职

院校扩招5.68万人，同时建立中高职院校负责人联系企业机制，已联系企业5913家。黑龙江省人社厅加大高职院校、技工院校产教融合、校企合作力度，与省内外2400多家企业开展校企合作，同时筹集40亿元失业保险专项资金，结合企业需求连续3年开展百万人次以上补贴性职业技能培训。大庆职业学院与大庆沃尔沃汽车制造有限公司推动校企合作，联合组建沃尔沃学院，引进国际一流水准的培训平台，实现了产业工人技能素质提升和企业效益增长的“双赢”。省总工会成立“工桥通业”职工就业再就业实体服务中心，与此同时，13个市（地）全部创建线上线下平台，互通互连全省、全国总工会的就业信息。各级工会通过各类促就业行动，实现就业38460人，在促进产业工人素质提升、壮大产业工人大军方面发挥了积极作用。

创新“人教岗”模式　为振兴发展蓄能助力

黑龙江省齐齐哈尔市产业工人队伍建设改革领导小组办公室

齐齐哈尔是国家老工业基地之一，是我国重要的装备制造业基地。齐齐哈尔市委、市政府高度重视产业工人队伍建设改革工作，探索创新了“人教岗”模式，以“订单培养”“待遇留人”为突破口，建设高素质产业工人大军，有效破解了企业招工难，技术工人总量不足、年龄老化等问题，助推了全市经济社会高质量发展。2020 年，克服新冠肺炎疫情等不利因素影响，全市 GDP、规模以上工业增加值同比分别增长 3% 和 13.5%。

一、注重顶层设计，组建专班专题推进

产业工人队伍建设改革涉及范围广、任务链条长，只有强化高位推动，才能压实责任，促进上下配合、部门联动和精准实施。

（一）顶层设计改革方案。齐齐哈尔市委书记孙珅主持深改会，决定把产业工人队伍建设改革纳入全市人才改革进行统筹推进。市长李玉刚召开专题会，带领研究技工院校整合和产教融合发展。2018 年以来，齐齐哈尔市相继制定实施了《新时期产业工人队伍建设改革实施方案》《关于加快推进装备制造业产业工人队伍建设实施意见》。特别是 2020 年制定的《关于加快人力资源开发体系建设实施意见》，明确了“建立集约开发机制、提高开发组织化程度、创新培养模式和强化政策保障”等内容，启动构建与市域产业发展相协同的技能人才开发体系。

（二）组建专班专题推进。2020 年 3 月，齐齐哈尔市委、市政府成立了“市产改推进专班”，由市总工会党组书记牵头负责。县区均成立专班推进产业工人队伍建设改革工作，由副书记分管，由一名科级干部专职负责。2019 年

以来，齐齐哈尔市召开两次全市推进会、一次全市产教融合发展工作会，强力推进产业工人队伍建设改革工作。

（三）建立完善激励机制。把县区协助技工院校招生、完成补贴性职业培训、开展劳动和技能竞赛纳入全市人才考核指标，并以此为接口，进一步将其纳入全市年终大目标考核指标，在百分制中占 3 分，力度之大前所未有。

二、创新“人教岗”模式，校企合作订单式培养

培养技能人才必须完善职业教育制度，创新职业教育模式。通过实践探索，齐齐哈尔市走出了一条“人教岗”之路，回答了“人从哪里来、如何培养、到哪里去”的核心问题，实现了教育链、人才链和产业链的有机统一。该经验做法先后被《黑龙江日报》《工人日报》刊载。

（一）成立产教融合发展中心。坚持“政府为主导、企业为主体、职业院校为重点、校企合作为基础”的原则，以技师学院为核心，引入 22 家大中型企业，构建起确保产业工人来源、提升职工岗位技能的区域性联合体。中心下设办公室，与市专班合二为一开展工作。

（二）“人教岗”订单式培养技能人才。首先，开展“人力调查”。组建了城乡青年劳动力资源信息库和规模以上工业企业职工培训需求信息库，实名制收录 35 周岁以下未稳定就业“两后生”38.43 万人和未来 3 年企业拟培训职工 4.98 万人。其次，强化“技工教育”。统一市技师学院和一重技师学院编制待遇，实现两校一体化；组织县区协助市本级技工院校招生。2019 年新招 2219 人，同比增长 105.7%，院校获省政府以奖代补 2843 万元；2020 年新招 2415 人，在较大基数上又增长了 8.8%。最后，挖掘“用工岗位”。组建了规模以上工业企业用工需求信息库，收录未来 3 年企业用工岗位 1.43 万个。2020 年对接落实订单企业用工 1662 人，其中新生占近 70%；技工院校与用工企业（单位）分别签订了培养协议。同时，2020 年全市开展补贴性职业培训 9.7 万人次，发放补贴 1.02 亿元。其中，针对畜

牧企业落户迅猛的实际情况，4 个月内协助畜牧企业招工 750 余人，开展职业技能提升培训 5060 余人，发放补贴 350 余万元。

（三）强化校企合作资金政策支持。把技师学院招生纳入高中阶段毛入学率考核；对技工教育招生对象免除学费，对其进行培训并发放补贴；对吸纳技工院校毕业生见习和就业的企业给予补贴或奖励，对开展岗位技能提升、新型学徒制等培训的企业进行补贴；把劳动和技能竞赛前置，使之进入市本级技工院校的课堂，给予活动经费 15 万元。

三、实施齐抓共管，提高待遇合力留人

为劳动者成长创造良好条件是留住技能人才的关键。齐齐哈尔市制定实施了提高技术工人待遇的实施意见，激励技能人才留企兴业。

（一）提高技能人才的政治待遇。适当增加“两代表一委员”中技能人才的名额，在全市党代表中占比近 5%，在人大代表中占比近 10%，市政协委员中技能人才由原来的 2 人增加到 9 人。对装备制造和食品加工业技能人才队伍发展党员计划单列，2019 年发展 591 人，同比增长 16.3%；2020 年发展 610 人，同比增长 3.2%。

（二）提高技能人才的经济待遇。市本级投建青工公寓等 101 套，各区筹集房源装修 309 套。指导创新产业工人发展制度，中国一重、中车齐车、建龙北钢等试点企业打破了职业技能等级与专业技术职务之间的界限、工人与干部之间的界限，技术工人可以晋升为工程师，优秀产业工人可以被提拔为副厂长。

（三）提高技能人才的社会待遇。2020 年齐齐哈尔市获评全国劳模 10 人，其中技能人才占 60%；累计评选“鹤城工匠”等 83 人，均为一线优秀产业工人和专业技术人员。在市级媒体开设“鹤城工匠”等专栏，在重要会议和重大活动场所设立“工匠座席”。2019 年以来，齐齐哈尔市连续两年举办单身职工线上线下系列联谊活动以“拴心留人”。多措并举的人文关怀，营造了尊重劳动、尊重知识、尊重人才、尊重创造的浓厚氛围。

凝聚各方合力　实施重点突破
打造铁人式产业工人队伍

黑龙江省大庆市产业工人队伍建设改革领导小组办公室

作为全国重要的石油工业城市，大庆市共有产业工人近60万人，技术工人总量26万人，占产业工人的43.3%。2020年以来，大庆市委认真落实党中央和全国、全省产业工人队伍建设改革工作部署，聚焦“造就一支宏大的新型产业工人大军”目标，紧盯“知识型、技能型、创新型”大方向，激发“当好主人翁、建功新龙江”原动力，突出“四抓”、提升“四力”。

一、突出内外共塑抓引导，激发产业工人队伍创业动力

坚持以学习贯彻全国劳动模范和先进工作者表彰大会精神为重要遵循，以传承弘扬劳模精神、劳动精神、工匠精神为本源初心，以挖掘践行大庆精神、铁人精神新的时代内涵为价值追求，打造一支有理想守信念、懂技术会创新、敢担当讲奉献的高素质产业工人队伍。

一手抓“强党建促工建”，深化思想引领。广泛开展“中国梦·劳动美”主题宣传教育，深入举办“讲铁人、学铁人、做铁人”等10项实践活动，围绕政治引领、思想教育、精神传承三个核心定位，高标准打造大庆新时代产业工人思想教育基地；设计包含松基三井等工业遗址和温泉湿地等自然风光的“A+B”研学线路。截至2020年底，基地已接待省内外465场次共3万余名产业工人参观学习，被省总工会确定为全省新时代产业工人思想教育基地，并被中央文明委确定为全国首批15个重点工作项目基层联系点。

一手抓“重激励增活力”，优化干事环境。建立健全“4+N”特殊困难

职工精准关爱制度，落实职业技能等级与专业技术职务衔接转换机制，畅通产业工人政治参与渠道，逐步提高产业工人在“两代表一委员”和评先评优中所占的比重，2642 人获评全国和省五一劳动奖章及国家、省、市级劳动模范，产业工人有地位、得实惠、受尊重的社会氛围日渐浓厚。

二、突出产教融合抓培养，提升产业工人队伍技术能力

坚持把地企、校企合作作为产业工人队伍建设改革的战略载体，深入倡导和践行红旗共举、使命共担、资源共享、振兴共赢“新四共方针”，创新“人教岗”协同培育模式，强化“主力军”支撑带动作用。

畅通工学结合“育人通道”。抽调 85 名骨干组建专班，驻场开展技能培训、岗前培训、订单培训。新冠肺炎疫情期间，协调大庆石化公司为龙油 550 等重点项目解决 205 名新招录员工的操作培训问题，2020 年发放 1143 万元职业培训补贴，累计培训 5.6 万人，切实满足企业持续增长的用工需求。

拓展校企对接“强教路径”。采取签订用工协议和定向培养方式，推动 10 所市属公办中职学校与伊利、美食乐等 70 余家民营企业达成培养计划，与 150 余家企业建立定岗实习合作关系。大庆职业学院联合沃尔沃举办焊装、喷涂等培训 100 余期，省水利学校与武汉大华共建工业机器人实训基地，有效实现了职业教育资源与企业发展需求无缝衔接。

完善“找岗”机制。整合人社系统就业信息数据，收集企事业单位岗位数据，链接省总工会企业用工数据，上线运行职工便民信息小程序，打造“工桥通业”线上线下服务平台，已帮助 1260 人完成就业、再就业。

三、突出引育一体抓接续，释放产业工人队伍成长潜力

紧紧抓住产业工人——推动大庆转型振兴的基础中坚力量，着力建平台、创基地、配政策，打通产业人才选育全链条通道。

坚持内“联”外“引”扩增量。将产业人才纳入全市常态化打捆引才计划，先后发布18项人才公告和政策，与中科院、哈工大等50余家省内外高校、院所建立产业人才直通机制。2018年以来，政、校、企联手引进产业人才1.9万人。

注重以“赛”代“练”优存量。持续开展“五个百万”职工劳动和技能竞赛，着力构建政府、工会、企业、职工“四位一体”竞赛体系。全市参赛职工66.2万人次，134人获得省市奖项，取得364项“五小”创新成果，完成170项技术革新，推广116项先进操作法。一大批生产经营技术技能问题得到有效破解。

推动由“工”变“匠”提质量。高水平建设9个国家级、17个省级高技能人才培训基地和技能大师工作室。从2021年起市政府将每两年评选20名“大庆工匠”，分别给予3万元奖励，以充分激发和释放产业工人的创新、创业热情。

四、突出上下联动抓统筹，集聚产业工人队伍建设合力

认真落实黑龙江省产业工人队伍建设改革试点工作部署，成立以大庆市委副书记为组长的试点工作领导小组，制定出台试点工作实施方案，采用全面试点、项目试点和部门试点相结合的方式，进一步落实完善现代职业教育体系、加强职工文化建设等19项重点任务，并将执行情况纳入市委深改委重点改革督查范围，与全年主要责任指标考核评价挂钩，层层压实责任、层层传导压力。

大庆市总工会发挥牵头作用，定期召开产业工人队伍建设改革专题工作对接会议，协调人社、教育等部门同向发力，围绕改革创新出题目、列清单、补短板、挖潜力，共同解决劳动和技能竞赛优胜职工的等级晋升等7个症结问题。

各县区、各部门从自身实际出发，先后研究制定《关于提高技术工人

待遇的若干政策》《高新区高层次人才激励若干政策》等 26 个配套文件。

由此，大庆市搭建起产业工人队伍建设改革工作的“四梁八柱”，条块结合、上下协同、一体推进的联动改革局面全面形成，并巩固发展。

畅通晋升渠道　提升薪酬待遇
着力打造高素质专业化产业工人队伍

中国一重集团有限公司

中国一重集团有限公司（以下称为“中国一重”）始建于1954年，现有在岗职工8385人。作为中国制造业第一重地，中国一重认真贯彻落实习近平总书记两次视察公司的重要指示精神，通过不断深化产业工人队伍建设改革，着力打造高素质专业化产业工人队伍，不断提高产业工人的地位、待遇和价值成就，实现了改革与发展的“双赢”。

一、强化战略目标导向，提升产业工人的责任感

（一）直面困难挑战，力促思想再解放。强化企业职工“报国强企”的责任感，强化“把一天掰成两天用”，能啃“硬骨头”、打硬仗的责任意识和担当精神。近3年来公司党委开展了180余场次、近9000人次参与的解放思想大讨论、“三讲三不讲”等活动，解决实际问题300余项，使得职工面貌、企业面貌发生了深刻变化，实现了“1年扭亏、2年翻番、3年跨越”，打破了从“不可能”到“可能”的观念束缚，实现了从“可能”到“现实”的历史跨越。

（二）明确前进目标，力促本领再增强。3年来，先后举行各类培训班683期，技能培训1.1万人次。开展学历提升教育，275名产业工人线上入学。政、校、企深度协作，落地实施新型学徒制，1100名职工签订“双师”协议，以此更好地服务于企业创新应用型人才培养。

（三）紧盯目标任务，力促效益再增长。坚持疫情防控和生产经营“两手抓、两手硬”，国内外职工没有一例疑似和确诊病例。2020年，实现上半年“双过半”、三季度“双过四分之三”和“决胜60天任务全面完成”，

营业收入同比增长 45.8%，利润总额同比增长 60%。

二、强化体制、机制改革，提升产业工人的价值感

（一）签订“两个合同”。构建以价值创造为导向的人才培养、使用、评价和激励体系。在劳动合同的基础上，全员签订《岗位合同》，彻底解决“只能上不能下、只能进不能出”的问题。企业内部除党务人员外，只有“职业经理人”和“职业技能人”，破除不同岗位员工之间的身份界限。

（二）打通“五个通道”。打通了业务管理、营销、技术研发、党务、技能人员之间的晋升通道，已有 10 个工种共 33 人从技能岗位晋升为工程师和高级工程师，3 名优秀产业工人被提拔为副厂长；招聘 110 余名大学本科毕业生从事一线技能操作工作，通过实践历练，近 60% 的人成长为骨干班组长、基层管理人员。

（三）薪酬实现“五个倾斜”。明确将职工收入增长指标写入企业年度计划和中长期发展规划。坚持薪酬分配向营销人员、高科技研发人员、苦脏累险岗位人员、高级管理人员、高技能人员倾斜，实施“百名人才工程”。公司级大国工匠、首席技能大师每年分别享受 6 万元、4.2 万元公司特殊津贴，其差旅等按照公司二级单位正、副职的标准执行。企业拿出重金，专项奖励承担急难险重任务攻关的人员，把奖金发在机床边、车间里。一系列改革举措让广大干部职工与企业紧密相连，形成了利益共同体、事业共同体、命运共同体。

三、强化创新平台建设，提升产业工人的成就感

（一）抓产研结合，发挥“四类人才”大作用。发挥大国英才、首席技术专家、大国工匠、首席技能大师四类人才的作用，进行生产与研发、技能与技术的深度融合。一大批世界领先、国内首创的重大装备被成功研制，完成了全部“华龙一号”的制造任务。大国工匠刘伯鸣与技术专家杨晓禹

联合攻克了世界锻造难关。

（二）抓创新创效，释放“五室聚力”大效应。建立党员、劳模、青年、技能大师、党外人士创新工作室，凝聚创新人才3000余人，每年获得国家、省市各类奖项50余项，累计完成创新课题620项，直接、间接创造经济效益1.5亿元。

（三）抓建功立业，凝聚“百万一重杯”大合力。公司每年拿出百万元资金开展劳动竞赛，搭建了“工会牵头组织、生产技术紧密配合、质检部门严格把关、一线工人竞相参与”的多方联动体系，共举办了57次劳动竞赛，累计6.6余万人次参赛，完成重点项目3240个，节约工时6107天，有500余名职工晋升了技能等级，发放了奖金1200万元。

四、强化共建共享发展，提升产业工人的获得感

（一）重视产业工人的发展需求。企业有发展，职工有保障。中国一重实现了从大额亏损到扭亏为盈，2019年提前一年完成了“十三五”战略发展目标，使得“老国企”焕发了“新青春”。2020年，职工人均薪酬比2015年增长了61%。刘伯鸣同志荣获大国工匠年度人物、全国劳动模范两项国家荣誉，为中国一重产业工人树立了报国强企的榜样。

（二）重视产业工人的生活需求。改建6800平方米职工食堂，为全体职工提供就餐补助10元/天；修建职工浴池，新建停车场，建设服务职工的综合体“惠民之家”；实施全员体检、为职工缴纳补充医疗保险、“年金倍增计划”、惠民补助等，使得职工的获得感明显增强。

（三）重视产业工人的的文化需求。修缮了文化宫、电影院、体育场，扩建乒乓球馆，建设“展览馆”红色教育基地，实施亮化工厂、“花园式”工厂建设。组建职工文体协会10余个，每年开展大型文体活动10余项。以上涉及提高职工待遇的近20项举措全面实施，做到应办尽办、能办快办，使得产业工人的幸福感、获得感、自豪感明显增强。

畅通双通道职业发展路径
推进产业工人队伍建设改革

哈尔滨东安汽车发动机制造有限公司

哈尔滨东安汽车发动机制造有限公司（以下称为“东安汽发”）是由中国、日本和马来西亚“三国六方”共同投资组建的中外合资企业。该公司主要从事汽车汽油发动机和自动变速器及手动变速器产品的研制、开发、生产和销售，是国内首家同时拥有汽车汽油发动机、自动变速器和手动变速器制造技术的企业。企业现有职工 1247 人，其中技术工人 606 人。技术工人中，高级技师 33 人、技师 64 人，技师以上占 16%；高级工 401 人，占 66.17%。

2020 年以来，东安汽发坚定人才强企发展理念，以产业工人队伍建设改革试点为契机，深化人才体制、机制改革，着力锻造一支爱岗敬业、技艺精湛、善于创造性解决工艺难题、提升产品质量的产业工人队伍。

一、坚持党管人才，突出顶层设计

东安汽发始终加强党对人才工作的集中统一领导，将“党管人才”作为“541”党建工作体系五项原则之一。公司党委成立了以党委书记为组长的工人队伍建设领导小组，制定了《东安汽发工人队伍建设改革试点工作方案》，要求基层党支部着力“推动人才成长、推动项目攻坚、推动团队建设”；要求每个党员“开展一个创新，完善一个岗位，带动一个小组”，带领群众在发现问题、解决问题的过程中，提升技能、锻炼本领，成长成才。

公司党委结合《党建暨企业文化考评体系》，以基层党支部“双培养”比例、人才培养计划完成率、人才流失率等为要素对基层党支部进行考核，督促基层党组织重视人才培养，落实党管人才原则，全力打造“人才驱动力”，助推产业工人队伍建设，为公司战略实现和持续发展提供智力支持和人才保障。

二、创新培训模式，提升整体素质

公司以《东安汽发工人队伍建设改革试点工作方案》为指导，完善了《培训管理规定》《内训师管理办法》《培训效果评估管理办法》等系列培训管理制度。公司累计投入 200 余万元，加强培训基地建设。同时，公司通过调查问卷、专项研讨、员工意见箱等渠道，积极了解员工对培训工作的需求，以“以老带新、岗位互换、提高技能、全员一岗多能”为目标，制定了《2020 年度公司培训计划》。2020 年，按计划完成各级培训 402 项。

在培训机制上，针对员工反映课堂传授方式沉闷单调、实际操作动手能力不足等问题，认真分析，不断总结、改进，把以往单一的课堂培训变更为“内外联合”的模式。

“内”，即通过班组内部培训及师带徒等方式，每名技术带头人和高技能人才每年至少培养 1 名技术骨干，将专业知识和实践经验共享，发挥人才的“传、帮、带”作用。

“外”，即通过外聘、外部培训等形式，加强对技术带头人和高技能人才的培养。

“联”，即与重庆理工大学、天津大学、上海交通大学等著名院校联合进行基础技术学科研究，不断在实践中提升工人队伍技术水平。

“合”，即与国内外知名公司合作，通过参加国际交流会议、博览会等多种方式，不断提升自动变速器制造、控制技术、新能源等相关领域人才的技能水平。

三、突出市场导向，完善激励机制

为加强公司人才队伍建设，畅通“双通道职业发展路径”，公司在薪酬制度改革中进行了一次大胆尝试，推出由“设计师、专业师、技能师”构成的“三师”评聘制度。

所谓“三师”，包括研发职位序列的“设计师”、技术经营管理职位序列的“专业师”、生产一线和辅助职位序列的“技能师”。当选者根据级别不等，可分别拿到 11 ～25 万元的 6 个等级的年薪。其中，“技能师”是专为技术工人设置的职业发展通道。技术工人被评为“三师”后实行年薪制，其薪酬与市场接轨。这一举措将助力公司成为产业工人队伍建设改革的标杆企业。

2020 年，公司总结前几年的经验，完善修订了《2020 公司“三师”评聘方案》，在评聘中向生产一线的高技能人才倾斜，着重关注高技能人才的岗位价值贡献和技能传承。同时，公司依据人才市场薪酬价位、行业竞争力水平、薪酬激励政策向高层次技能人员倾斜的原则，出台《“三师”薪酬调整及激励管理办法》，对薪酬结构、薪资发放方式等都进行了明确规定。通过一系列措施的实施，技能师人数由 18 人提高到 28 人，薪酬总额由 217 万元提高到 335 万元，一线工人的最高年薪达到 17.5 万元。

按照企业制定的薪酬调整及激励办法，公司“三师”评聘后，企业每年多支出专项资金 500 余万元。“三师”评聘打通了公司内部的人才发展通道。在措施引领下，企业掀起学技术、学技能的热潮——职工即便不在管理岗，也能在基层岗位上实现自身价值。这为企业吸引人才、留住人才创造了良好的环境。

四、丰富竞赛内容，拓展成长成才平台

公司工会紧紧围绕黑龙江省总工会“造就一支宏大的新型产业工人大

军，当好主人翁、建功新龙江”的工作主线，按照哈尔滨市总工会关于推动落实黑龙江省总工会“五个百万”职工劳动和技能竞赛活动部署要求，制定《东安汽发“创先争优”劳动竞赛活动方案》，并大力实施。截至 2020 年末，共收到员工改善性建议 1 万余条，累计节约工时 1621 小时，全年节创成本 262 万元。公司出资近 10 万元对优秀改善性建议进行了奖励。员工参与活动的积极性高涨，参与率达到 79.8%，月人均提出改善性建议 0.86 条，形成了“比、学、赶、帮、超”的良好氛围。

坚持试点先行　争创特色品牌
全力推动江苏产业工人队伍建设改革工作向纵深发展

新时代江苏产业工人队伍建设改革联席会议办公室

江苏是实体经济大省，也是产业工人集聚大省，现有产业工人 2300 多万人。

作为产业工人队伍建设改革全国试点省份，江苏省坚持以习近平新时代中国特色社会主义思想引领改革，以“为全国探路”为己任，积极探索实践、争创特色品牌，努力为全国产业工人队伍建设改革贡献江苏力量。

中央改革办《改革情况交流》专题刊登江苏产业工人队伍建设改革工作。全国推进产业工人队伍建设改革协调小组专报介绍江苏经验。中央有关媒体组织开展系列报道。

全国推进产业工人队伍建设改革工作经验交流会在江苏无锡召开，全国深化产业工人队伍建设改革专题培训班到江苏南通进行现场考察参观，江苏进行了经验介绍。

一、坚持党的领导

（一）江苏省委高度重视。江苏省委将“推进产业工人队伍建设改革”列为常委会年度工作要点、党建工作要点、督查检查事项、高质量发展考核内容。省委书记娄勤俭先后 4 次作出重要批示。省委分管领导将产业工人队伍建设改革确定为牵头联系的重大改革事项；在省委组织部与省总工会联合举办的全省领导干部产业工人队伍建设改革专题研究班上，作专题辅导报告。

（二）积极探索党建、产业工人队伍建设改革、工建一体化推进机制。加大“双培养”（把业务骨干培养成党员，把党员培养成业务骨干）力度，在产业工人中发展党员 1.4 万余名。

在非公企业，深入开展以“创争先进党支部、创争模范职工之家、创争工人先锋号，提升政治引领力、提升群众组织力”为主要内容的“三创争、两提升”活动，命名首批 100 家“三创争、两提升”省级示范单位。全省规模以上非公企业组织党工负责人党工工作“一肩挑”比例达 88%。

深入推进劳模创新工作室“双创双提升”工程（即创建劳模党支部、创建党员先锋岗，提升政治素质、提升业务技能），成立劳模创新工作室党支部 362 个。省总工会联合省网信办等 14 个部门联合发文，推动“两新”组织（新经济组织、新社会组织）工会组建工作，新增八大群体会员 11.8 万人。

（三）加强和改进思想政治工作。贯彻落实《关于加强和改进新时代江苏产业工人队伍思想政治工作的实施意见》，推进“职工思想政治工作进班组”工程，把学习新思想的课堂搬到工厂车间、生产一线，用新思想武装产业工人，引导广大产业工人听党话、跟党走。

大力弘扬劳模精神、劳动精神、工匠精神，开展“劳模工匠进校园”“思政教师进企业”的“双进”活动。2020 年，推荐 125 名同志光荣当选全国劳动模范和先进工作者，总数列全国各省市（区）之首，其中产业工人占比达到 44%。

二、坚持试点先行

（一）紧扣重点战略谋划改革试点。紧扣长三角一体化、苏南国家自主创新示范区和江苏自贸试验区等建设，谋划一批改革试点，努力打造与产业发展相适应的产业工人队伍。

紧扣创新驱动发展，探索创建跨区域、跨专业、跨单位的劳模和工匠人才创新工作室联盟，推动将群众性创新活动纳入企业研发体系，融入国家创新体系。

紧扣产教融合发展，推进产教融合型城市试点，加强产教融合型行业和企业建设培育。

（二）强化系统思维布局改革试点。注重地区和部门相协同，将试点城市从 3 个增加至 5 个，扩大试点覆盖面。同时，每个联席会议成员单位确定 1 个试点项目，推动试点工作条块结合、上下贯通。

注重高新技术产业和传统产业相协同，试点企业既包括高科技企业，也包括煤矿、钢铁、纺织、建筑等传统行业。

注重企业试点与行业试点相结合，连点成线，扩线成面，形成聚合效应。2020 年，全省试点企业达 785 家，覆盖产业工人近 300 万人。

（三）聚焦重点领域推进改革。推动国有企业发挥政治优势勇当先锋。按照分梯次探路、分层次探索、分课题探究的思路，在构建职业发展“双通道”、建立职业技能评价体系等方面积极探索，争作示范。

推动非公企业发挥机制灵活优势勇探新路，加强政策服务，提供案例示范，激发非公企业参与改革的积极性、主动性、创造性。

推动纺织能源行业发挥产业引领勇作示范，培育红豆集团、徐矿集团等一批改革试点。加强建筑行业产业工人队伍建设改革推进力度，探索建立智慧工地建设与职工安康权益维护相结合的有效机制。

（四）紧贴增强产业工人获得感推进改革。推动全省 12 万家企事业单位、近 1000 万名职工积极参与各类劳动和技能竞赛，促进职工技能素质提升。

江苏省在全国率先开展集体协商，健全产业工人薪酬激励机制，推动工人技能水平与薪酬等级挂钩，使得 66 万名职工受益；实施技能培训 10.4 万人次，使得 1.5 万名职工提升技术等级。

省总工会分别联合省应急管理厅、省住建厅开展职工安全生产技能大赛，开展化工行业万名班组长安全培训，切实维护产业工人生命健康权益。探索建立困难职工帮扶长效机制，全省各级工会共筹集帮扶款物 1.3 亿元，帮扶 17.8 万人次，5370 户困难职工家庭实现解困脱困。

三、坚持落地落细

（一）加强服务指导。牵头举办长三角“一市三省”深化产业工人队伍建设改革研讨会。召开苏南、苏中、苏北专题研讨会，发现问题，研究对策。强化组织程度，建立例会制度，构建“三员队伍”（联络员、观察员、指导员），推动改革不断走深走实。

（二）构建“双向直达”机制。按照“寻策问计直到一线、宣传贯彻直抵基层、政策解读直达主体主角、经验做法直接分享、问题需求直通部门”的“五直思路”，构建了“政策举措直达基层、问题需求直通部门”的“双向直达”机制，先后举办了三期直通车，线上线下参与产业工人达 16 万名。

（三）营造社会氛围。省总工会与省作协联合组织省作家协会会员开展新时代产业工人精神风貌专题采风，已形成了一批优秀文学作品。与《新华日报》等媒体合作开设“产改落实在基层”“江苏产改进行时”等专栏，示范带动各地在各级新闻媒体同步开设专栏，营造浓厚的改革氛围。

打造产业工人队伍建设改革的“南瑞样板”

江苏南瑞集团有限公司

江苏南瑞集团有限公司（以下称为“集团公司”）是国家电网有限公司直属的科研产业单位，是我国能源电力及工业控制领域卓越的IT企业，现有职工17000余人，其中科研技术人员和高技能人才近1.2万人。集团公司积极把握党政需要和职工需求的最佳“交汇点”，求取制度执行和体制改革的最大“公约数”，画好企业发展和职工成长的最美“同心圆”，努力打造产业工人队伍建设改革的“南瑞样板”。

一、谋篇布局，“四个结合”保持定力

集团公司专题研究部署，以“四个结合”为核心，按照方向不偏、焦点不散、内容不空的原则谋划产业工人队伍建设改革工作。

结合党的建设。探索推进“党建+产改”，做到党建工作、产业工人队伍建设改革工作同谋划、同部署、同推进、同检查、同考核，构建了“党委领导、工会牵头、专业协同、群众参与”的工作格局。

结合企业发展。选聘10名董事长联络员和4名产业工人队伍建设改革观察员，定期召开座谈会，在制定政策时征求联络员和观察员的意见建议，做到寻策问计直达一线、宣传贯彻直抵基层、改革问题直通党委。

结合建章立制。广泛了解职工所思所盼，将涉及职工切身利益维护的事项变成制度、形成机制，共制定、修订制度和文件10余项，让职工真真切切地感受到产业工人队伍建设改革的作用。

结合绩效考核。将产业工人队伍建设改革成效纳入基层单位企业负责人的年度考核指标，将产业工人队伍建设改革试点作为各部门、各单位年

度重点推进项目，12 个专业部门和 43 家基层单位分别制定配套措施，确保改革工作不脱节。

二、思想引领，“三大平台”凝聚合力

集团公司探索、研究职工思想发展动态，打造“三大平台”，促进职工队伍政治站位不断提高、理论修养持续增强、理想信念更加坚定。

“职工大讲堂”坚定信念。开展“劳模工匠进校园”“思政教师进企业”职工大讲堂活动，邀请知名高校马克思主义学院的专家学者进一线、进班组，以职工喜闻乐见的形式将党的创新理论转化为生动案例，培养广大职工的家国情怀，提升其产业兴国、实业报国的精气神。

“智慧大讲堂”增长才干。由中国工程院院士薛禹胜牵头发起“智慧大讲堂”活动，邀请电力领域院士专家、行业领袖及专业机构知名专家与集团公司广大科研工作者开展学术交流、技术讲座和互动讨论，进一步引导职工群众开阔视野、增长见识、创新工作。

“班组微讲堂”推动实践。在集团公司近千个班组中开展“班组微讲堂”活动，通过一线职工讲、先进典型讲、内训专家讲、外部学者讲、上级领导讲的“五讲”载体，更全面地向职工传授创新方法、心得体会、工作理念、管理经验，进一步激励职工集中智慧和力量破解难题、推动工作。

三、机制创新，“四项突破”全面发力

集团公司将体制、机制改革作为切入点，将企业和谐发展作为着力点，将职工队伍稳定作为落脚点，实施“四项突破”，让企业与职工休戚与共、命运相连。

突破工资总额限制。找准产业工人队伍建设改革和国企改革的契合点，在水电公司、轨道公司和南瑞联研 3 家试点单位率先实施国有企业超额利润与职工分成。对于超出利润总额考核目标以外的超额利润部分，按照累

进比例进行分成奖励。其中，对一线职工的奖励数额不低于总额度的80%。

突破股权激励壁垒。实施第一批股权激励计划，将广大职工变为集团公司的“股东”，首期股权激励重点面向研发、工程、生产等业务骨干。第一批有999名科研人员和一线职工收获了股权激励，人均3.88万股。

突破项目跟投障碍。针对具备市场投放条件的职工创新成果，探索建立项目跟投机制，即由集团和职工共同投资，建立风险共担和利益共享机制，市场转化收益按照投资比例进行分配，让职工“用自己的研究成果成就自己”。

突破职业发展藩篱。构建科研人员进步和技能人才成长的“双轮驱动”模式，建立管理、专家、职员三通道的职业发展体系，并在三个通道之间建立“旋转门”，让管理、专家、职员可以互转互任，形成网状互通的职业发展体系，符合职工全面发展的需要。

四、维权服务，“三大工程”精准用力

集团公司坚持以满足职工对美好生活的向往为目标，实施“四大工程”，不断提升职工群众的幸福感、获得感和满足感。

实施“十同机制”非在编职工维权工程。对非在编职工实施同入党、同入会、同培训、同晋升、同考核、同报酬、同福利、同持股、同维权、同活动的“十同机制”，为广大非在编职工提供更具普惠性、常态性、精准性的服务，极大提高了非在编职工的政治待遇、社会待遇和经济待遇。

实施“八心服务”海外职工关爱工程。实施海外职工“八心”关爱体系，包括解决后顾之忧，让职工安心；关注身心健康，让职工放心；畅通交流渠道，与职工交心；解决特殊问题，为职工挂心；做好后勤服务，为职工尽心；规划职业生涯，树职工雄心；完善培训机制，增职工信心；注重风险防控，为职工留心。

实施“三级协同”职工诉求服务工程。设立职工诉求服务中心，打造

“三级诉求服务体系”。在集团层面，开通“9580”（由我帮您）咨询热线、服务邮箱和线上平台，解决共性的、复杂的诉求；在基层单位，建设41个“五有”诉求服务点，做到有通畅渠道、有服务人员、有工作场所、有规范流程、有醒目标牌，解决本单位职工的普遍诉求；在一线班组，由班组长牵头了解职工对具体业务和服务工作的意见建议，分析研究职工的个性化诉求。

经过两年多的努力，南瑞集团产业工人队伍建设改革取得了明显成效，广大职工的幸福感、满足感、获得感显著提升，成为推动企业高质量发展的强劲动力。

推行产业工人队伍建设改革十大举措 提高职工的“三大地位”

江苏省徐州矿务集团有限公司

为深入贯彻落实中央和江苏省委、徐州市委关于加强新时期产业工人队伍建设改革决策部署，江苏省徐州矿务集团有限公司（以下称为“集团公司”）党委多次召开专题会议，研究制定了具有徐矿特色的产业工人队伍建设改革十大举措，着力打造一支有理想守信念、懂技术会创新、敢担当讲奉献的产业工人队伍，为加快建设国际化特大型省属能源集团提供人才队伍支撑。

一、提高产业工人的政治地位

（一）强化产业工人党建工作。集团公司优先从优秀产业工人中发展党员，提高一线产业工人的党员比例，创建党员先锋示范岗；党员中的全国劳模参加集团公司党委理论学习中心组的学习，党员中的省（部）级劳模参加所在单位党委理论学习中心组的学习。

（二）强化产业工人源头参与。集团公司提高产业工人在党的代表大会、职工代表大会中的代表比例；坚持企业重大决策听取产业工人的意见，涉及产业工人切身利益的重大问题必须经职代会审议通过；完善职工董事制度、职工监事制度，保证产业工人有效参与企业治理。

（三）强化产业工人培养力度。集团公司建立优秀产业工人在工会、协会等群团组织中兼职制度；集团公司“十佳区队长”“十佳优秀班组长”及劳模创新工作室（技能大师工作室）领军人才，优先被列为后备干部推荐人选；集团公司技能大赛、技术比武优胜选手和技师、高级技师，优先作为班组长推荐人选。

二、提高产业工人的经济地位

（一）建立完善工资增长机制。集团公司建立技能水平与薪酬等级挂钩制度，实行协议工资、项目工资、股权制、年薪制等分配方式。国家、省（部）级、地市级劳动模范、五一劳动奖章获得者及集团公司劳动模范，在岗期间月度岗位工资标准分别不低于所在单位正处级、副处级、正科级、副科级干部的工资标准。

（二）建立完善保障激励机制。集团公司按时足额为产业工人缴纳“五险一金”，建立完善补充医疗保险制度。提高劳动模范、高技能人才（在聘任期内）的年金企业缴费比例，国家级、省（部）级劳动模范分别增加2.5%、2%，市级劳动模范或连续两次集团公司劳动模范增加 1.5%，高级技师、技师、高级工分别增加 1.5%、1%、0.5%。

（三）建立完善津贴激励机制。高级工、技师、高级技师与本单位助理工程师、工程师、高级工程师享受同等标准津贴。建立完善劳模创新工作室（技能大师工作室）领军人才津贴、补贴制度。

（四）建立完善奖励激励机制。产业工人在国家级、省（部）级专业技术大赛中获得优胜名次的，视获奖名次，由所在单位分别给予 5 ～20 万元、2 ～ 10 万元奖励。产业工人新取得技师、高级技师职业资格的，由所在单位分别给予 5000 元、1 万元的奖励。

三、提高产业工人的社会地位

（一）提升产业工人荣誉感。集团公司持续开展劳模、工匠、好人、“六个十佳”及岗位标兵、技术能手等评选，增加产业工人在各级各类先进评选中的名额比例。

（二）提升产业工人幸福感。获得国家级、省（部）级、市级荣誉的产业工人，由集团公司分别安排一次 5 人、4 人、2 人家庭疗休养；集团公司劳动模范及“六个十佳”等荣誉称号获得者，安排一次个人疗休养；集团公司技能大赛、技术比武优胜选手，由所在单位适时安排疗休养；加强劳动保护，实现职业健康体检全覆盖。

（三）提升产业工人获得感。集团公司持续开展产业工人技能培训、岗位技能提升活动，每年选送 100 名骨干产业工人到国内外知名院校、大型企业、培训机构进行学历、技能提升培训；集团公司每年举办一次职工技能大赛或青工技术比武，组织优秀产业工人进行交流研讨。

集团公司通过推行产业工人队伍建设改革“十条新规”，提高职工“三大地位”。一是真真切切让产业工人富了口袋。公司在效益增长的同时，稳步提高产业工人的收入。2019 年，在岗职工人均收入增幅超过 10%。而且，公司实施精准扶贫帮困，为特困户设立 50 万元专项帮扶基金，15 户特困家庭 2019 年底全部脱贫。二是实实在在让产业工人美了生活。公司放宽住房公积金提取政策，将异地职工休假路费报销改为发放定额交通补贴；全集团组织 24 批劳模先进开展疗休养活动。三是时时刻刻让产业工人强了脑袋。公司组织 15 名技能大师到异地单位“送绝活儿”，帮助解决技术难题 200 余项。400 多名劳模（技能大师）与 1000 多名职工签订“师带徒”协议，近百名徒弟在集团及以上职工技能大赛上夺得名次。

创新职业技能认定　培育专业敬业“钟山工匠”

江苏省钟山宾馆集团有限公司

传统服务行业从业人员众多，建设高素质的专业化职业技能人才队伍是当务之急。作为江苏省一流服务保障型国有企业和江苏省产业工人队伍建设改革试点单位，江苏省钟山宾馆集团有限公司（以下称为“钟山宾馆集团”）在推动企业高质量发展的同时，大力推进新时期产业工人队伍建设，用心打造一支忠诚、专业、创新、奉献的产业工人队伍，并在开展职业培训、提升职工技能和培育“钟山工匠”上不断创新思路，努力形成产业工人队伍建设改革工作的“钟山经验”。

一、统筹谋划，组建职业培训“专业队”

2020 年 4 月，钟山宾馆集团斥资 1000 万元成立钟山红岭先锋培训中心，专辟 1200 平方米场地作为产业工人队伍开展职业教育、技能培训的主阵地。培训中心立足会议及酒店服务主业，与有旅游专业的高校、酒店餐饮行业协会等机构建立广泛合作，打造权威师资库、课程库，选优配强业务骨干，组建工作专班，高标准打造培训团队。

培训团队成员平均年龄 32 岁，其中“85 后”占比 70%，毕业于 985、211 高校和海外名校的成员占比 60%，党员及入党积极分子占比 90%，有 2 人荣获国际金钥匙证书认证。团队集专业化、高学历、年轻态于一体，具有丰富的职业教育工作经验，呈现出强劲的工作活力与创新能力。

二、系统推进，深挖等级认定“蓄水池”

钟山宾馆集团率先在企业内部开办职业技能等级认定，逐步形成了包含初级工、中级工、高级工、技师、高级技师的完整职业等级序列，并充分发挥各个层级的“蓄水作用”，激活集团产业工人人才队伍的“源头活水”。

抢抓机遇。抢抓职业技能等级认定社会化改革机遇，成立职业技能等级评价考核委员会。聚焦产业工人队伍建设改革，充分发挥酒店资源优势，第一时间向江苏省人社厅申报前厅、餐厅、客房服务三个职业类别的技能等级认定资质。

打造平台。成立由旅游专业高校资深教授、酒店服务高级评审专家、集团技术骨干等组成的专家小组，编写了培训教材、授课大纲，制定配套制度、工作流程，建立职业技能等级认定题库，系统构建了“钟山职业技能等级认定平台”，具有较强的权威性、实操性和前瞻性。

取得资质。钟山宾馆集团入选江苏省人社厅首批全省职业资格评价机构目录和职业技能等级认定机构目录，是江苏省内唯一、业内首家具备前厅、餐厅和客房服务三个职业种类技能等级认定资质的企业。

开班办训。2020 年 10 月，集团首期职业技能等级认定培训正式开班。近 100 名来自所属企业的一线员工、基层管理人员和新聘大学毕业生分别参加了前厅、餐厅和客房服务初级技能等级培训。钟山红岭先锋培训中心邀请了行业知名专家、教授为学员面对面传授理论、手把手指导实操，历经理论及实操授课、岗位实训、考前辅导三个阶段，提供了系统完善、专业细致的职业培训。

考核认定。2020 年 12 月，钟山红岭先锋培训中心专门组织开展首期前厅、餐厅和客房服务初级职业技能等级认定考核。9 位专业考评老师分别从理论、实操两个方面对参训学员进行考核，学员通过率为 89.7%。2021 年 3 月，60 名学员以 96% 的通过率完成了第二期初级前厅、餐厅服务等级认定工作。其间，职业鉴定中心主管部门对考评现场进行了督导巡察，对规范的程序、优良的考风给予了充分好评。目前，第三期初级、中级技能考核认定工作正在积极推进，同时，中式烹饪、西式烹饪、中式面点、西式面点四个工种的技能认定资质也在申报中。

研学提升。经江苏省人社厅、省财政厅批准后，钟山红岭先锋培训中心成功承办了 2020 年度中式烹饪高级技师提升培训。8 名集团高级技师和来自 12 家省内知名酒店的烹饪高级技师参加了培训。培训融入了 MBA 案例教学模式，邀请业内知名教授、权威专家、一线烹饪大师组成强大的教研团队。教学现场气氛热烈，学员反响良好，完成高质量研学论文 20 余篇，形成了大量创新菜品，对推动业内烹饪技能高质量提升产生了积极作用。

三、多措并举，打造钟山英才“孵化器”

钟山宾馆集团积极实施“钟山英才计划”，每年拿出 100 万元人才专项资金，为产业工人队伍的成长、成才、成功创造有利环境。集团对取得职业技能等级资质、专业技术职称的产业工人、基层骨干每月给予 50 ～500 元不等的技能津贴奖励。同时，集团大胆使用优秀年轻干部，优化干部梯队的年龄结构、学历水平及综合素质，健全容错激励机制，营造企业人才辈出的良好局面。坚持每月面向全员举办“钟山讲堂”，累计已举办近 60 期。丰富的专题培训活动，多维度地推动了集团产业工人队伍的综合素质提升。

钟山宾馆集团通过强化产业工人队伍职业技能培训，分层次、分专业、分步骤、分阶段地自主开办职业技能提升培训，成功打造新时代干部人才教育“红岭模式”。通过培训，一批批“钟山工匠”脱颖而出。这对培养与企业高质量发展相适应的高质量产业技能人才具有重要的意义。

钟山宾馆集团开展的职业技能培训填补了省内行业空白，是改革之举；通过完善技能津贴薪酬激励机制，增强了员工的幸福感、获得感、安全感，是民心之举；以此为契机不断探索形成集团层面的系列人才培养计划、岗位晋升规划等配套制度体系，更是发展之举。

服务国家战略　助力城市发展
加快打造一支高素质产业工人队伍

四川省成都市产业工人队伍建设改革工作领导小组

推动产业工人队伍建设改革是以习近平同志为核心的党中央作出的重大决策部署。

成都市作为全国首批全面试点城市，认真贯彻党中央“政治上保证、制度上落实、素质上提升、权益上维护”总体思路和新时期产业工人队伍建设改革方案要求，在全国总工会的关心指导下，着力在思想引领、建功立业、素质提升、地位提高、队伍壮大等领域创新探索，初步形成了与现代产业体系相适应的改革政策体系，为建设践行新发展理念的公园城市示范区提供了强大的技能人才支撑。

一、坚持思想政治引领，引导产业工人永远听党话、跟党走

坚定贯彻习近平总书记关于“引导职工群众听党话、跟党走，巩固党执政的阶级基础和群众基础”的重大要求，按照加强和改进产业工人队伍思想政治建设的改革任务要求，把新思想、新理念引领摆在产业工人队伍建设的首要位置，深入开展党的创新理论、大政方针等宣传宣讲，使得广大产业工人笃信新思想、践行新理念，拥戴核心、维护核心的思想自觉、行动自觉更加坚定。

坚持工人阶级的主体地位不动摇，增加产业工人在各级党代会代表、人大代表、政协委员和群团组织代表委员中的比例，实现产业工人在工、青、妇等群团组织挂职、兼职全覆盖。

坚持以社会主义核心价值观培育新时代产业工人，大力弘扬劳模精神、

劳动精神、工匠精神，引导产业工人心系“国之大者”，厚植“家国情怀”，与党和国家事业、城市改革发展同呼吸、共命运，争当有理想、守信念的最美奋斗者。

二、坚持人力资源协同，着力构建产业工人技能形成体系

全面落实提高职工队伍整体素质的战略要求，深化技能成都建设，促进教育链、人才链与产业链、创新链有效衔接，在全国率先推出技能人才优先落户等人才新政，吸引新落户青年人才 47 万余人，高技能人才占技能人才比重超过 32%。

首推全民技能免费培训计划，市场化运营蓉漂人才发展学院、成都工匠学院，每年免费培训超过 50 万人次。坚持产、教、训融合、以及政、企、社协同，把专业办到企业、将学院建在产业功能区，规划建设成都国际职教城、国际合作教育园区。

倡导技能宝贵、创造伟大的价值导向，持续举办百万职工技能大赛，实施“成都工匠”培育五年计划，培育有技术会创新的“成都工匠”1812 人。

三、坚持以产兴城聚人，全面搭建产业工人建功立业舞台

习近平总书记指出：“人要在城市落得住，关键是要根据城市资源禀赋，培育发展各具特色的城市产业体系”。

成都市深入落实创新产业工人发展制度的改革任务，规划建设 15 个产业生态圈、66 个产业功能区，大力发展新经济、培育新动能，加快打造“成都制造”“成都服务”品牌。

实施“产业生态圈人才计划”，打破产业工人职业转换、岗位调整、职位晋级限制，在全国率先推出新职业人才支持政策和职称评价办法，引导产业工人在建设产业生态圈和功能区、构建现代产业体系中建功立业，锤

炼敢担当、讲奉献的精神品格。截至2021年6月，6155名优秀劳动者被评为国家级、省级、市级劳动模范。

四、坚持产城融合、职住平衡，加快打造产业工人高品质生活服务圈

坚定落实习近平总书记关于统筹生产、生活、生态空间布局的重大要求，秉持“人、城、产”逻辑，坚持“一个产业功能区就是若干新型城市社区”的理念，以轨道交通引领产业功能区“独立成市”，变职住分离的工业园区为功能复合的高品质生活社区，建成首批40个示范性产业社区，让产业工人实现基本生活需求在产业社区内解决。

实施幸福美好生活十大工程，完善产业工人收入增长与经济增长同步机制，建立劳动关系纠纷一站式多元化解联动处置机制，以远期产业人口编制公共服务规划，开工建设人才公寓和公共租赁住房8.8万套，依托4627千米天府绿道打造产业工人上班的路（回家的路）1127条，构建形成产业工人普惠服务体系。

成都市产业工人队伍建设改革的创新实践凸显了夯实党执政根基的政治导向、落实制造强国战略的目标导向、以人民为中心的价值导向，使得产业工人队伍的思想观念、技能素养、敬业精神、城市认同感为之一新，有力地推动了城市发展的全方位、深层次进步。

发展活力持续迸发。成都市产业工人规模超过600万人，技能人才总量达234.5万人，新职业人群规模达63.7万人（居全国第3位），成都经济总量跃居全国城市第7位，GaWC全球城市排名从2016年的第100位跃升至2020年的第59位。

产业实力持续提升。2020年成都工业在全国万亿级城市中率先全面复工、率先增速转正。成都市“十三五”时期工业增加值年均增速居副省级城市第一方阵，新经济总量指数全国第二，高新技术产业产值突破万亿元，

产业结构高级化指数高于全国 6 个百分点，开放型现代产业体系初步形成。

基层基础持续巩固。党建引领、党群共建作用充分发挥，成都市产业工人中党员队伍不断壮大，基层群团组织达 7.7 万个，其中工会组织 3.2 万个。成都市基层党群组织对产业工人的组织动员力显著增强，汇聚起了走好新征程、建设现代化的磅礴之力。

借势发力　同频共振
充分发挥央企示范带头作用

国家电网有限公司

国家电网有限公司作为全国推进产业工人队伍建设改革首批试点单位，在公司党组的坚强领导下，加强顶层设计，畅通协调通道，借势借力推动，在推动改革工作进基层、进班组、进现场等方面进行了积极探索，充分彰显了央企的示范带头作用。

一、全面铸魂聚力，在职工思想引领上取得新成效

公司党组印发《关于加强和改进新时代职工队伍思想政治工作的实施意见》，教育引导广大职工听党话、跟党走。

（一）用先进理论武装职工。全面实施“党建 +”工程，把党建工作融入业务工作的全过程、各环节，促进党建与生产经营深度融合。建立健全班组常态化学习制度，开展主题教育、网上课堂等多种形式的学习教育，构建多形式、分层次、全覆盖的学习贯彻体系。教育职工传承红色基因，精选 100 个红色教育基地，出版《红色足迹寻根与传承》，引导职工“不忘初心，牢记使命”。

（二）用劳模精神激励职工。组织职工学习贯彻习近平总书记在 2020 年全国劳动模范和先进工作者表彰大会上的重要讲话精神，刊发学习体会文章，大力弘扬劳模精神、劳动精神、工匠精神。开展劳模工匠“四进宣讲”、职工“四学”等活动，激发职工对标先进、见贤思齐的斗志和决心。印发公司《劳模先进评选表彰管理办法》，全面加强和规范劳模先进的评选、表彰和管理。近年来，公司涌现出一大批“响当当”的先进模范人物，

在全社会产生了广泛影响力。其中，有“时代楷模”“改革先锋”张黎明、“状元技工”许启金、“博士工匠”谢邦鹏等。2020年，公司系统72名职工被评为全国劳动模范，居中央企业前列。

（三）彰显央企职工的责任担当。公司通过卓有成效的职工思想引领，使广大职工学出了真理的力量、奋进的动力、前进的方向，转化为特别负责任、特别能战斗、特别能吃苦、特别能奉献的精神风貌和优良作风。在公司面临大战大考、急难险重任务的严峻考验时，广大职工只为胜利添精彩，不向困难退半步。

新冠肺炎疫情发生后，公司组织职工凝聚起抗疫的磅礴力量，日夜奋战，三天三夜为雷神山医院通电，五天五夜为火神山医院通电，37小时为武汉最大方舱医院通电，日均投入10万人，全力保障了定点医院等2.2万家重点用户的可靠电力供应，为打赢湖北保卫战、武汉保卫战和复工复产作出了积极贡献。

二、发力素质提升，在职工成长成才上实现新突破

公司召开科技创新大会，推进“新跨越行动计划”，实施高端人才引领工程、电力工匠塑造工程、青年人才托举工程，为推动公司高质量发展打造一支高素质劳动者大军。

（一）职工职业发展保持“一池活水”。贯彻落实习近平总书记关于全面强化稳就业举措的重要指示精神，推出六大举措扩大就业，全年提供4.62万个就业岗位。拓展职工成长成才渠道，实施四级四类人才管理模式，推进“职务、职级、专家”三条职业发展通道互通，实现“双师型”技术技能人才并行成长。推进“三项制度”改革，明确岗位竞聘、挂职锻炼、人才帮扶等六种流动方式，4.07万个岗位实现聘任制管理，6.29万人通过公开竞聘调整到新岗位。

（二）职工全员培训保证“时刻在线”。发挥“互联网 + 职业技能培训”

优势，应用网络大学等平台，开发“国网慕课”，举办线上直播课，满足全员、全组织培训学习需求。2020 年，公司组织开展脱产集中培训 160 万人次、网络培训 3810 万学时，组织网络考试 106 万人次。以工匠技艺“传、帮、带”为切入点，实施工匠学徒“学 + 训”双元制培养，使时代楷模张黎明等一批优秀人才的职业核心技能不断传承。2020 年，公司新增高级技师 3560 人、技师 1.12 万人、高级工 9379 人、中级工 9331 人，拥有国家级专家人才 365 人。

（三）职工技术创新“燃爆活力”。公司加大对职工技术创新的支持和投入力度，明确规定职工技术创新投入不低于各单位研究开发投入比重的 10%，职工技术创新成果获奖数量占公司科技进步奖数量的比重不低于 10%。

工会制定加强职工技术创新工作的具体举措，鼓励职工刻苦攻关、创新逐浪，累计成立各类创新工作室 4644 个、“质量管理（QC）小组”25 万个，6 项职工技术创新成果荣获国家科学技术进步奖二等奖。积极创新劳模工作室机制，按照业务相通、目标相近、优势互补、合作共赢的原则，让专业相同或相近的劳模创新工作室跨地区、跨单位结对子，整合资源，共同创新攻关。

建立职工技术创新成果线上平台，举办成果推介会、交易会、拍卖会，形成优秀成果平台化运作、市场化转化工作机制。建立揭榜挂帅、项目总师、容错纠错等机制，推进职工创新创造岗位分红、项目分红、股权激励。截至 2021 年 6 月，累计对 17 家单位 2294 名科研和业务骨干实施分红激励措施。

（四）劳动竞赛“让每个人都有出彩机会”。不断拓宽领域、丰富内涵、创新方式，推动劳动竞赛向深度和广度进军。组织“奋战新征程、建功新基建”为主题的 5 个专项竞赛。特高压重点工程建设专项竞赛覆盖 299 个项目部、2426 个班组，共计 6.9 万余人参加。数字新基建劳动专项竞赛组织了 1.2 万名职工参与，开展“护网 2020”网络攻防实战演习，获得了 630 分的加分，列全国防守单位第一名。

三、体现主人翁意识，在职工地位提升上迈出新步伐

始终坚持以人民为中心的发展思想和全心全意依靠职工办企业的方针，引导广大职工增强主人翁责任感和自豪感。

（一）落实政治待遇，提升职工的责任感。把发展党员向基层一线倾斜，2020 年，公司发展一线职工入党 5812 名，占发展总数的 49.07%。积极推进党员空白班组整治，消除党员空白班组 600 余个。增加普通职工在公司各级党员代表大会、职工代表大会、工会会员代表大会、团员代表大会代表中的比例。加强省管产业单位工会组织建设，建立工会组织 1069 个，吸收集体职工、劳务派遣等不同身份职工 30.2 万人入会，扩大了工会组织的覆盖面。

（二）落实经济待遇，提升职工的获得感。实施向一线倾斜的薪酬分配政策，针对安全压力大、工作任务重的生产技能岗位，推行浮动点值，增设一线年功工资；建立生产技能岗位多种补贴，设立艰苦技能岗位特殊补贴，并根据岗位的劳动强度、工作环境、工作时间等要素确定补贴标准。对长期连续在技术、技能岗位工作的优秀职工，设立长期服务奖，给予一次性奖励。

（三）深化民主管理，提升职工的被尊重感。积极构建新时代企业民主管理体系，制定中央企业首份《企业民主管理规则》，对企业民主管理的路径和内容进行科学设计和全面规范，为职工全方位、全过程、全天候参与企业各项管理活动建立了“绿色通道”。职工对公司战略规划、重要制度、重点工作的建议都能及时反映到公司党组。公司党组高度重视这些来自基层的意见和建议，充分体现在公司制度设计和工作部署中，让职工切实感受到了尊重。

以交流平台为载体
构建跨区域创新工作室联盟

国网湖南省电力有限公司

为深入贯彻落实习近平总书记关于劳模工作重要讲话精神和大力弘扬劳模精神、劳动精神、工匠精神的重要指示，落实《新时期产业工人队伍建设改革方案》的有关要求，国网湖南省电力有限公司充分发挥创新工作室示范引领、集智创新、协同攻关等功能，积极加入华中电力工委组建的国网华中分部柳焕章劳模创新工作室，与国网湖北、河南、江西省电力公司开展跨区域合作，开展关键技术攻关，交流创新成果，培养创新人才，形成创新合力，为确保大电网安全贡献力量。

一、开展区域合作，攻关关键技术

（一）加入区域创新工作室，汇聚创新合力。为提升华中电网安全保障能力，确保大电网安全，为建设具有中国特色、国际领先的世界能源互联网企业作出更大贡献，国网湖南省电力有限公司积极响应华中电力工委要求，与国网湖北、河南、江西省电力公司一同加入国网华中分部柳焕章劳模创新工作室，进一步发扬团结治网精神，更好发挥华中分部和四省公司科研人才优势，增进相互交流，促进共同提高，共同为确保大电网安全贡献力量。

（二）聚焦关键问题，开展科技攻关。国网华中分部柳焕章劳模创新工作室各成员单位以面向生产现场、解决实际问题、适合推广应用为导向，围绕大电网运行控制等电网发展关键技术、核心问题，联合开展技术攻关、技术创新、发明创造，取得了一系列原创性成果，累计获得省部级及以上奖励40余项。其为保障华中电网安全稳定运行发挥了重要作用，为促进国家电网安全、提高生产效率、提升服务质量作出了积极贡献。

二、搭建交流平台，交流创新成果

（一）构建高效便捷的对外沟通合作机制。以持续提升国内外专业领域的话语权和影响力为目标，大力畅通国际、国内工作联络渠道，与相关学协会、高等院校签署战略合作协议，联合其他省市公司、知名院校和设备制造企业等内外部力量，积极参与国内外行业会议、布展宣传等工作。

（二）搭建创新工作室线上交流平台。在“华中分部家园”公众号开辟劳模风采版块，集中展示国网华中区域115家劳模（工匠）创新工作室简介、主要成果，提供工作交流线上平台。其中，工作室简介涵盖了创新领域、命名情况、组织架构、运行管理模式、工作室团队情况、创新成果及国家专利数量等信息。开设“主要成果”版块，集中展示华中各创新工作室的最新研究动态，为各创新工作室开展合作创新提供参考，有效解决重复、低效创新等问题，不断增强创新的活力和动力。利用“工作交流”平台，打造华中区域劳模（工匠）创新工作室网上交流大课堂，推进劳模（工匠）创新工作室之间相互学习、共同提高，有力提升创新效率。

三、丰富创新实践，培养技能人才

（一）开展名师带徒活动，提升职工创新能力。充分发挥企业内部现有高技术、技能人才的专长优势，通过“名师带高徒”“双培养”“传、帮、带”等活动，带动职工一同围绕企业发展的重点、难点，开展安全生产、科技创新、管理创新、降低成本、技术改造、技术革新等活动，为企业培养一批知识型、技能型、创新型人才。

（二）举办创新活动，调动员工热情。统筹策划“青创赛”“双创之星”劳动竞赛等双创活动，调动广大职工的创新积极性和主动性，鼓励引导广大职工围绕安全生产、供电服务等工作，立足本职岗位进行革新，创造更多“接地气、易推广”的职工技术创新成果。定期组织团队交流研讨，集思广益，有效解决生产业务中的管理与技术瓶颈，实现知识转化为能力、能力转化为成果、成果转化为企业效益的目标。

（三）拓展青年员工成才渠道。与中国电科院签订《电网运行控制与继电保护领域合作框架协议》《深化技术合作与交流备忘录》，成立联合攻关团队，实现企业与科研单位的强强联合。近年来，公司推荐青年专家加入国际学术组织，推荐青年专家参加国际、国内重要学术会议和技术论坛，为培养青年专家的国际化视野创造优越条件。

目前，创新联盟取得了积极成效。

成效一：协同创新能力显著提升。柳焕章劳模创新工作室通过邀请湖北、河南、湖南、江西四省公司科研人才加入，构建优势互补、资源共享、协同发展的高水平创新联合体，以跨区域交流平台为载体，推进创新工作室跨区域交流合作，持续提升了华中电网的安全保障能力，确保了大电网的安全。

成效二：创新成果不断涌现。工作室合作攻克了“负荷转移时距离保护误动引发事故范围扩大”的世界难题，首创提出了“半波长交流线路全套保护”解决方案，获得了国家科学技术进步奖二等奖 1 项、中国专利奖优秀奖 1 项、省部级科技和创新奖励 39 项，获得发明专利 45 项，编制国家标准 3 项、行业和企业标准 19 项，发表论文 60 余篇。

成效三：人才队伍持续壮大。工作室已有 3 人获得湖南省劳模、湖南省五一劳动奖章等荣誉，3 人被聘为国家电网公司专业领军人才、优秀技术专家，2 人加入国际大电网会议（CIGRE）工作组，15 人加入国际特大电网运营商组织（GO15）工作组，2 人被聘为教授级高工。

鼓励全员创新　强化主人翁地位

山东豪迈机械科技股份有限公司

山东豪迈机械科技股份有限公司创建于1995年，是一家民营股份制企业。26年来，该公司从一个只有34名员工、100万元资产、负债率高达96%的破产乡镇企业维修车间，发展成为员工近2万名、总资产超百亿元的集团公司。该公司拥有生产轮胎模具、气门芯、风电齿轮箱零部件和深海结构件等多项世界“冠军”，是20多家世界500强企业的合作伙伴。2020年，公司完成产值101亿元，同比增长20%以上。

2020年1月，该公司被确定为全国产业工人队伍建设改革全面试点单位。以此为契机，该公司持续优化创新体系、培训体系、薪酬体系、荣誉体系建设，员工队伍不断壮大、素质明显提升，尊重劳动、关爱员工的氛围蔚然成风，实现了人的发展与企业发展的互促共赢。

一、鼓励全员创新，激发员工创造活力

（一）降低创新门槛。公司倡导“改善即是创新”，使创新门槛不再高不可攀——无论是初中生还是研究生，无论是一线操作工还是工程技术人员，人人皆可创新，形成“人人、时时、处处创新”的创新文化。该公司在每个车间和办公场所都设有创新提案看板。工作中，员工只要感觉不舒服、不美观、不方便、不公平、不合理，都可以将“毛病”转化成创新提案，将“牢骚抱怨”转化成建议想法，随时填卡或通过手机提报。

（二）打造高效务实的创新机制。建立从创新提案收集、评价、推广、实施到激励的闭环流程，形成一线员工提建议、专业团队论证实施的高效运行机制。2020年，共征集创新改善提案29.16万条，员工参与率达93%，

创新成功率在89%以上，创造效益1.1亿元。通过集成系统创新，公司自主研发的连续流微通道反应器、碳化硅换热器、往复式压缩机等高精尖产品打破了发达国家的垄断。

（三）营造“鼓励创新、宽容失败”的氛围。公司设立了一系列物质和精神激励措施，设立创新奖励基金。奖金从100元到上万元不等。内部刊物每月刊登创新数据；创新成果计入员工成长档案，作为标兵评选、工资提升、岗位晋升、特殊培训的重要依据。“鼓励创新，宽容失败。”公司规定：不论创新是否成功，任何人、任何时候都不得对创新者冷嘲热讽。创新失败的成本可以控制，而创新成功后的价值却不可估量。公司多措并举，使得创新成果不断涌现——从单个的工件放置架，到立体存放的工装树；从手工刻字，到自主研制、世界领先的第八代、第九代专用机床……

二、实施全员培训，推动员工职业素养和能力双提升

（一）建立全方位培训体系。“搭建员工实现自身价值、奉献社会的理想平台”是山东豪迈机械科技股份有限公司的办企宗旨。公司尊重员工、关爱员工、培养员工、成就员工，重视人力资本的“保值增值”。根据发展需要和员工成长需求，公司建立了以理念培训、技能培训等为主要内容的全方位培训体系。通过集中培训、定岗培训、车间班组培训、师带徒等方式，公司对新入职员工、骨干、班组长、主管等进行持续不断的分类培训。每名员工每年培训达5次以上，实现职工职业素养和职业能力“双提升”。

（二）校企联合培养专业人才。企业投资3亿元建成豪迈职校，建立校企联合实训基地，把课堂搬进车间，推行垒墙、刻字等体验式、感悟式学习模式，在“真枪实弹”的工学一体化中，实现了从课堂到企业、从学生到员工的角色转换，培养出大批“毕业即上岗、上岗即上手”的技能人才。针对非机械类高校毕业生入职后自愿“回炉再造”的愿望，职校量身定制，设立高级技师班，针对提升专业素养设立“夜大班”，累计培养5400余人。

（三）广泛开展各类竞赛。完善《关于技术比武的管理规定》，2020 年开展了“谁英雄，谁好汉，生产突击比比看”员工技能大比武，各部门、车间积极参加比武，比赛场面热火朝天，捷报频传。其中，产业园设计科全员 13 天“大会战”，每天产出都在标准产能的 150% 以上，其中 6 天超过 200%，3 天超过 300%，平均产出 239.4%，创历史新高。

三、以员工为中心，发展成果与员工共享

（一）建立“人合资合”股权机制。公司逐年降低大股东认股权，持续吸纳优秀员工入股，员工股东达 3000 多人，约占员工总数的 20%。公司每 2 年组织 1 次全员参与的股东资格及认股评议活动，员工有权将“不合格股东”弹劾出股东队伍；员工的任职、转岗、提升、去留，都由员工通过民主评议作出抉择。董事长是一号员工，所有大股东、高管都没有特殊福利。公司设立管理、技术、技师三条成长成才通道，300 多名一线员工晋升为中层管理人员，高技能人才达 4237 人，员工满意率达 83% 以上。

（二）提升薪酬待遇。公司把人的发展作为企业发展的最终目的，通过构建科学的薪酬分配体系，与员工形成事业共同体，实现“利益均沾、风险同担”。按照高于当地同行业工资 20% 确定员工工资水平，建立每三个月调整的工资增长机制，坚持薪酬分配向生产、研发等关键岗位倾斜。2020 年，员工工资五年翻番的目标顺利实现。

（三）解除员工后顾之忧。公司积极创造安居乐业的生态环境，先后为员工建设了 3 处住宅小区，创办了 2 所幼儿园、2 所小学，初中、高中和职校各 1 所，还建设了 2 个俱乐部和 1 所医院。公司不仅为员工提供了方便实惠的小超市，还有品种丰富的自助餐。目前，为解除独生子女和退休员工的后顾之忧，公司正在谋划养老院的建设。

激发产业工人创新活力
助推企业高质量发展

金川集团股份有限公司

近年来，金川集团股份有限公司根据党中央、国务院印发的《新时期产业工人队伍建设改革方案》精神，紧紧围绕企业高质量发展目标，以健全领导工作机构、完善激励机制、搭建创新平台、引导全员参与创新等举措，深入开展职工技术创新活动，力促产业工人在创新创效中提升素质、建功立业、成长成才，为提高公司劳动生产率、优化经济技术指标、增强自主创新能力，发挥了积极作用。

一、搭平台，引导职工全员参与创新

搭建学习交流的平台。公司通过举办成果发布会、创新成果展览、知识讲座、创新论坛、现场观摩会、编印技术创新成果汇编、参加发明展、赴外参观学习、推进互联网＋交易平台交流等形式，组织开展成果交流活动，引导产业工人向创新人物学习，启迪思路、激发创新潜能。

搭建劳模（职工）创新工作室平台。公司建立了 78 个公司级劳模（职工）创新工作室，覆盖全公司各二级单位及子公司。激励劳模带动更多的职工钻研技术、参与创新，充分发挥了劳模的业务专长、技术优势和示范带动作用，达到了劳模创新工作室“树立一个、发动一批、带动一片”的良好效果。

搭建班组创新平台。公司在开展创新活动的实践过程中，以工作岗位为依托，以班组为单元，以班组生产技术骨干等为主体，坚持问题导向，以发现问题、分析现状、提升优化为步骤，从最基层单元解决问题，形成成果。

二、建机制，规范职工创新创造活动

倡导创新理念。公司践行“人人参与创新、时时都在创新、处处体现创新”的群众性职工创新理念，明晰工作思路，指导职工技术创新实践活动。

规范创新工作流程。公司构建创新成果征集、评审、奖励和推广评价工作体系。每半年征集发布一次创新成果，每年进行一次职工创新成果评审奖励，每两年举办一次职工创新展览。基层单位根据生产实际，建立了创新成果季度征集、半年评审奖励的工作流程，保证了职工技术创新活动的持续开展。

构建创新工作制度体系。公司先后修订出台《金川集团股份有限公司职工技术创新活动管理制度》《金川集团股份有限公司职工技术创新积分管理办法》《金川集团股份有限公司职工技术创新工作评价办法》《金川集团股份有限公司职工技术创新高质量成果申报办法》等，构建制度体系，用制度规范创新活动程序，用激励措施激发职工创造活力，推动职工创新活动持续有效开展。

完善创新工作标准。建立了“搭平台、建机制、加动力”的职工创新活动管理规范，使群众性职工创新活动的管理工作有抓手、有目标、有任务。建立了创新成果总结“五步法”标准，即从项目背景、主要问题、措施和创新点、实施效果、效益评估及应用五方面总结创新成果，使群众性职工创新成果总结提炼有了统一标准。建立了劳模（职工）创新工作室“六有”标准：有劳模领衔、有创新团队、有场地设施、有攻关项目、有工作制度、有创新成效，使职工学习交流有场所、创新攻关有阵地。

健全创新组织机构。公司成立了由党委书记、董事长、总经理任组长，工会主席任副组长，相关部门负责人为成员的职工技术创新工作领导小组，全面组织领导职工技术创新工作；设立了以工会牵头负责的日常工作机构，负责制定考核细则、奖励办法，研究、部署和协调推进职工经济技术创新工作；成立了职工技术创新成果评审委员会，由各行业技术专家评审技术创新成果。各基层单位也建立了相应的组织机构，形成了“党委领导、行政主导、工会搭台、多方协同、全员参与”的合力，推进职工创新工作格局的形成。

三、加动力，激发职工创新创造活力

公司每年投入超过300万元（2020年为418.3万元），用来作为职工技术创新成果表彰的奖励资金，持续完善表彰激励工作机制。同时，公司充分尊重一线产业工人的首创精神和成果第一署名权，提高一线产业工人在创新成果中的利益分成比例和在各类先进评选中的比例；提高创新人才在公司的地位、荣誉、知名度、经济收益等精神和物质待遇，广泛宣传创新人才先进事迹和创新成果的重要作用；拓展创新人才的职业发展通道等措施，激励广大职工积极投身职工技术创新活动，推动大众创新、万众创业活动蓬勃开展。

据统计，“十三五”以来，公司涌现职工技术创新成果约1.17万项、先进操作法873项、合理化建议2万余条。公司一线工人拥有专利1136件，占公司专利量的31.7%。专利量每年以15%的速度递增。

同时，公司也是全国有色行业唯一的知识产权示范企业，创新成果累计创造经济效益14.6亿元。公司奖励创新成果共1561.7万元，奖励优秀成果744项。利用公司职工创新平台实现网上交易创新成果36项，交易额达6548.1万元，创新人员收益达245万元。举办了三届职工技术创新成果展，展出成果1308项。产业工人参与职工技术创新活动的人数9万多人次，参与率达90%以上。

探索产业工人成长路径
打造全国非公企业产业工人队伍建设
改革试点“红豆样本”

红豆集团有限公司

红豆集团有限公司（以下称为“红豆集团”）初创于1957年，现有员工近3万名，产品从最初的针织内衣，发展到纺织服装、橡胶轮胎、红豆杉大健康、园区开发商业地产四大领域，居中国民营企业百强。

近年来，红豆集团高度重视产业工人队伍建设改革，特别是被国家、江苏省、无锡市列为改革试点单位后，集团党委全面实施“四铸四有”工程，积极改革和创新产业工人队伍建设体制机制、方式方法，为集团产业强企注入强大动力，提供坚实保障。

一、在强化思想引领中铸魂，确保产业工人政治有方向

红豆集团党委坚持以党建引领产业工人队伍建设，做实做细职工思想政治工作。

坚持党建引领，筑牢政治根基。采取切合职工实际的“五个双向”（班子双向进入、工作双向互动、人才双向培养、文化双向互促、制度双向互补）工作法，把高级人才、技术能手、优秀职工吸引到党组织中来，适当增加党代表和工会委员中一线工人的比例。2020年，集团共发展一线员工党员104人，在抗击疫情一线发展12人。截至2021年6月，集团技术人才中党员比例达32%。

突出思想教育，坚定理想信念。注重弘扬优秀传统文化，创新编著《红豆弟子规》；连续20年举办“红豆七夕节”，加深员工对优秀传统文化

和企业文化的认知认同。

选树先进典型，注重标杆引路。每年评比、选树、表扬先进党组织、优秀党务工作者、优秀共产党员和生产、管理、营销等标兵，选树劳动模范、青年标兵和巾帼先锋等12类先进典型。2020年，集团在一线共建有党员示范岗136个、示范区26个、示范团队54个。集团现有12人荣获市级及以上劳模。其中，全国劳模2人、省劳模1人，形成了劳模梯队。

二、在提升技能素质中铸匠，确保产业工人事业有希望

红豆集团把员工发展需求列入企业发展规划，大力营造“技能吃香、勤奋立身、创造有位”的浓厚氛围。

制度选人，打通职工成长通道。设立星级职工评选制度，拓宽员工的职业成长路径。红豆集团已评出700多名三星级员工，其中100多人进入大学学习、提升。2020年评选出一星级员工12名、二星级员工12名、三星级员工10名。普遍推行管理岗位竞岗制度，2020年已有72名员工通过竞争上岗实现跨越式发展。设立参股入股制度，对集团高级人才开放股权，生产经营骨干可以参股入股成为股东。

赋能成长，提升职工技能素质。改革创新培训“一体机制”，构建车间、工厂、一级公司、集团工会四位一体的职工技能培训体系。2020年，集团为534人完成技能鉴定，其中高级电子商务师397人、高级服装缝纫师68人。依托红豆大学打造在线学习平台，实施学分制教学活动。2020年，集团开展培训1559场，培训时间69万小时，总积分超过62万分。2020年9月，红豆职工之家培训中心成为“锡山产业工人培训基地”。

示范引领，激励职工创新创造。全面推行“全员研发新品登记奖励”制度，激励职工发明创造。培育企业创新队伍，举办企业技能人才评价活动。截至2021年6月，集团已有105人获评技师，1273人获评中高级工。每年举办合理化建议“挖潜月”、“科技质量月”活动。在2020年4月的

“挖潜月”活动中，共收到职工合理化建议 2.4 万余条，采纳 5163 条，直接创效 6000 多万元。

三、在帮扶服务保障中铸爱，确保产业工人生活有保障

红豆集团倡导并践行与股东、员工、顾客、供方、合作伙伴、政府、环境、社会八方共赢理念，实行年薪递增机制，让员工共建共享企业发展成果。

建立帮扶长效机制。成立“红豆员工慈善基金”，每年分两期组织发放，至今已救助困难职工 800 多名，资助款总计 900 万元。深化集团党员结对帮扶活动，完善“一对一、点对点”结对帮扶机制。2020 年，集团建立了 240 对帮扶对子，其中帮困结对 14 对、技能提升结对 147 对。

精心服务职工需求。集团工会高度重视人文关怀和心理疏导工作，对新婚、生育、乔迁、住院、家有丧事的产业工人开展“五必到”慰问工作。2020 年，走访慰问 280 户。集团建立工资逐年递增机制。同时，为全体一线员工提供食宿补贴，并建造了 20 幢宿舍楼，确保每一名红豆员工住有所居。

精准保障职工权益。集团坚持落实以职工代表大会为基本形式的民主管理制度。构建集团、一级子公司、三级企业“三位一体”的劳动保护机制，形成共建、共管、共守的全员安全保障体系。在劳动关系上，事前，建立劳动合同合规审查机制；事中，建立劳动合同履行督查机制；事后，建立劳动纠纷快速处理机制。长期以来，红豆集团未发生过一起员工上访事件。

四、在关爱身心健康中铸家，确保员工情绪有释放

红豆集团注重与员工结成精神文化利益共同体，畅通诉求表达渠道，全方位保障员工身心健康。

党工活动联办，塑造特色文化。完善“红豆职工之家”建设，用好红豆党建馆、党建大讲堂、职工之家以及微空间等资源，进一步打造成便于活动、服务便捷的职工综合服务阵地。依托“红豆职工艺术团”“风尚乐队”“红豆职工太极拳俱乐部”等职工文体社团，常态化开展职工业余文化活动，打造有特色的产业工人活动。

关爱身心健康，释放员工情绪。定期组织产业工人健康体检，举办各类健康课堂，切实维护职工的健康权益。广泛开展“安康杯”竞赛、“隐患随手拍”“安全知识有奖竞赛”等活动，推动群防、群治、群控工作常态化。2020 年，红豆集团荣获全国“安康杯”竞赛优胜单位称号。

畅通沟通渠道，构建和谐企业。设置“书记总裁信箱”“工会信箱”，在每个车间设置“回音壁”，员工可以随时将意见建议甚至怨言在“回音壁”中反映，公司 24 小时反馈解决，确保员工情绪有释放。2020 年，集团共设立“回音壁”40 多个，共收到职工的建议、意见 397 条。红豆集团始终铭记习近平总书记“民营企业是我们自己人”的暖心关怀，以党建铸魂、以改革聚力，重点打造党建、产改、工建一体推进长效机制，争做新时代民营企业推进产业工人队伍建设改革的“红豆样本”。

汇聚创新能量　赋能产业发展

中国海员建设工会

产业工人队伍建设改革是习近平总书记亲自谋划和部署的重大改革。为贯彻落实《新时期产业工人队伍建设改革方案》要求，中国海员建设工会围绕港口行业发展需求，聚焦港口职工队伍建设目标，对全行业产业工人队伍建设改革工作进行了深入调研，以“探索建立跨区域、跨行业、跨企业的创新工作室联盟”为着力点，指导港口行业工会建立了“港口工匠创新联盟”（以下称为“创新联盟”），在推进产业工人队伍建设改革中充分发挥先行先试作用。

一、进展情况

2019 年 11 月，“创新联盟”正式启动。宁波舟山港集团工会和曹妃甸港集团股份有限公司作为南、北两个具有代表性的大型港口，成为“创新联盟”首批成员单位。两港共 10 家创新工作室参与，其中全国示范性劳模创新工作室 3 家，全国技能大师工作室、省级高技能人才创新工作室、省级劳模创新工作室各 2 家。各创新工作室分别建立了工作、学习、研讨、培训、奖惩、档案、经费等 8 项运作机制，到 2020 年底，共完成《件杂船舶装卸工艺方案研究》《职业技能竞赛红外线评分系统》等 5 个创新项目攻关成果。

2020 年 12 月，中国海员建设工会下发《关于“港口工匠创新联盟”吸纳新成员的通知》，鼓励更多港口加入“创新联盟”，并提出 4 个基本要求。一是能参与“创新联盟”内的创新合作，积极支持和参加各项活动；二是企业党政领导能重视产业工人队伍建设改革工作，对“创新联盟”的工作给予工作资源和经费支持；三是企业具备创新研发基础和中等以上创新能力；四是企业工会组织健全，为职工岗位创新提供有效服务保障。经过评估和考核，最终批准辽宁港口集团工会等15个单位加入“创新联盟”。

2021年6月，“创新联盟”正式成立理事会和技术专家委员会，制定并通过了《港口工匠创新联盟章程》。“创新联盟”已发展成为成员多元化、管理规范、组织机制健全的创新联合体。这为继续发挥联合共享优势、助推群众性技术创新活动高质量融入国家创新体系，奠定了坚实的基础。

二、经验做法

（一）找准新定位，激发企业创新活力。港口行业各级工会组织，深刻理解和领会习近平总书记和党中央对新时期产业工人队伍建设改革工作重要指示精神的科学内涵和重要意义，率先转变工作思路，发挥牵头作用，积极争取党政支持，争取各方资源，把“创新联盟”项目融入各港口产业工人队伍建设改革工作大局，落实企业创新主体作用，激发企业创新活力，为港口行业深化推进产业工人队伍建设改革工作培育经验。

（二）构建新理念，保障项目规范运作。“创新联盟”制定了《港口工匠创新联盟章程》和《港口工匠创新联盟创新成果管理办法》，确立了“共建、共创、共享”的工作理念，建立了以理事会、技术专家委员会、秘书处为主体的组织架构，积极搭建项目推广、成果转化、技术实验服务、知识产权服务、法律服务等专项工作平台，实现了成员间经验共享、技艺共商、成果共创、文化共融、管理共进，打造了惠及全行业的“创新共同体”。

（三）加入新元素，实现“产、学、研、用”融合。积极支持并推动上海振华重工（集团）股份有限公司工会、交通运输部天津水运工程科学研究院工会、大连海事大学工会加入“创新联盟”，让劳模创新工作室和产业工人的岗位创新获得更大范围、更高层次、更宽领域的支撑。这为各成员间开展项目合作、人才培养和技术创新提供强而有力的学术保障和科研指导，助推“创新联盟”从简单的技术共建共享平台，转变为“产、学、研、用”一体化的产业工人改革创新综合平台。

三、主要成效

（一）为港口行业贯彻落实中央《新时期产业工人队伍建设改革方案》做了有益探索。“创新联盟”试点以来，总结和提炼出一批先进操作法和技能绝活儿，推动了一批创新成果的转化和应用，促进了一批优秀创新成果在全行业内的推广。一大批产业工人通过创新、创效实现了素质提升、地位提高，涌现了曹妃甸港集团宋涛劳模创新工作室和2020年全国劳动模范宁波舟山港集团职工虞成安等先进集体和个人。这极大地鼓舞和带动了各创新工作室和广大产业工人创新、创效。

（二）为港口行业的创新发展提供了强大助力。“创新联盟”建立后，集众智、聚合力，努力破解港口行业发展难题。自主研发的创新项目集装箱码头生产操作系统3.0在宁波舟山港穿山港区成功上线，结束了我国大型集装箱码头依赖国外系统的历史；新研发的件杂船舶装卸工艺方案使曹妃甸港通用码头件杂船舶接卸工艺效率提升了42%，有效助推了港口行业高质量发展。

（三）为增强港口行业工会组织的影响力和凝聚力创造了工作载体。“创新联盟”试点项目围绕解决企业创新发展、技术攻关和体制障碍等问题积极作为，受到各单位党政的高度重视。宁波舟山港集团董事会、党委定期听取工会汇报产改工作进展，广州港集团、山东港口集团等9个单位派出主管科技研发工作的主要负责同志加入创新联盟技术专家委员会，为工会组织在产业工人队伍建设改革工作中发挥作用创造了更广阔的空间。

聚四海创新之力　圆产业报国之梦

宁波舟山港集团有限公司、曹妃甸港集团股份有限公司

在中国海员建设工会的统筹指导下，宁波舟山港集团有限公司（以下称为“宁波舟山港集团”）以世界大港“责无旁贷”的担当，曹妃甸港集团股份有限公司（以下称为“曹妃甸港集团”）以时代新港“舍我其谁”的精神，提高政治站位、树立大局意识、找准合作契机，共同为港口产业工人队伍建设改革探路先行。

一、以创新激发竞争力，探索打造具有时代特征、港口特色的“新样板”

按照《新时期产业工人队伍建设改革方案》，围绕“政治上保证、制度上落实、素质上提高、权益上维护”的总体思路，宁波舟山港集团与曹妃甸港集团以“探索建立跨区域、跨行业、跨企业的创新工作室联盟”为着力点，发挥各自优势，激活创新潜能，于 2019 年 11 月 29 日合力承办南北大港“港口工匠创新联盟”启动大会暨产业工人队伍建设改革推进会，在各级领导见证下签署“港口工匠创新联盟”共建意向书。这标志着中国港口圈首个跨区域、跨企业的创新联盟正式成立。

“创新联盟”以“共建、共创、共享”为合作理念，以实现港口圈经验共享、技艺共商、成果共创、文化共融、管理共进为发展愿景，旨在通过资源共享、优势互补，打造港口间的“创新共同体”，助推群众性技术创新活动高质量融入国家创新体系。

截至 2021 年 6 月，创新联盟共涵盖两港创新工作室 10 家，成员达到 307 人。其中，全国示范性劳模创新工作室 2 家、全国技能大师工作室 2

家、省级高技能人才创新工作室2家、省级劳模创新工作室2家。

二、以试点抢占制高点，全面打造南北贯通、融合发展的“连理枝”

使命艰巨，任重道远。一年多来，两港突破空间限制、克服新冠肺炎疫情影响，用务实的态度、实干的精神高质量打造港口间的“创新共同体”，全力将“港口工匠创新联盟”打造为新时代产业工人队伍建设改革的鲜活样板。

（一）持续推动建章立制，促进联盟规范长效发展。牢固树立联盟“一盘棋”思想，从规范联盟创建、促进联盟发展的角度出发，宁波舟山港集团与曹妃甸港集团经过多次讨论、研究和完善，成功制定《港口工匠创新联盟章程》和《港口工匠创新联盟创新成果管理办法》。同时，各联盟成员工作室相继建立工作、培训、考核等8项日常工作运行制度，从根本上保证创建活动朝着规范化、制度化和长效化的方向发展。

（二）多次召开云端会议，研究年度工作实施方案。2020年3月，宁波舟山港集团与曹妃甸港集团出台了《关于开展产业工人队伍建设改革试点工作实施方案》，谋划了形式多样、富有成效的“六个一”活动，以清晰的时间表、路线图全面指导全年创建工作，并成立了项目试点组织领导机构，形成了各司其职、同抓共促、协调联动的工作局面。当前，试点项目方向明确、举措有力，两港推进产业工人队伍建设改革落地见效的步伐越发加快。

（三）协同开展课题研究，联合攻关取得初步成果。联盟成员以匠心致敬初心，以恒心攻破难点，深入钻研、精益求精，通过加大联合攻关力度，已经实现了《件杂船舶装卸工艺方案研究》《高水分类货物作业工艺研究》等5个项目的圆满落地。改造后，设备的作业效率及安全性能同比均有提升，取得了阶段性成果。

在此基础上，两港又科学谋划联合攻关课题10项，目前课题正在有条不紊推进中。曹妃甸港集团还着力创新件杂船舶接卸工艺，使工艺效率提升42%；启动“用车轮丈量集疏港路线专项行动”，制定业内首创的“1.5+0.5”

（即单车在港时长不超 1.5 小时，装车误差不超 0.5 吨）疏港服务标准。

（四）重点聚焦素质提升，技能人才创建脱颖而出。以创建“港口工匠创新联盟”为契机，两港首次将门座式起重机、门式起重机两个作业工种的技能比赛推进全国一类竞赛。该项赛事于 2020 年 10 月在宁波舟山港顺利举办，为港口产业技术工人切磋技能、展现风采搭建了大舞台，累计为交通运输行业培养选拔“全国技术能手”10 名、“全国交通技术能手”40 名。

与此同时，两港广泛搭建产业工人教育培训“立交桥”。其中，曹妃甸港集团依托高技能人才培训基地，在新冠肺炎疫情发生以来组织培训 120 次，参训员工 6077 人次，培训总课时达 3.1 万余小时。伴随着工作深入开展，创新工作室成员的“创新自觉”越来越高，主人翁意识也越来越强。曹妃甸港集团的职工李博已连续三年参加全国人民代表大会，并于 2020 年被推荐为中华全国青年联合会第十三届委员会委员。宁波舟山港集团职工竺士杰被评为 2019 年“大国工匠年度人物”。

三、以开放凝聚新力量，逐步形成行业共赢、影响深远的“朋友圈”

志合者，不以山海为远。在各级领导的关心、关注下，在党委的大力支持下，两港将“港口工匠创新联盟”从理念转化为行动，在高质量发展的大潮中不断升华，激发起了两港职工积极担当的最大热情。

2020 年，在统筹推进疫情常态化防控与港口经济发展的大背景下，宁波舟山港集团完成年度货物吞吐量 11.72 亿吨，同比增长 4.7%；完成集装箱吞吐量 2872 万标准箱，同比增长 4.3%，运输生产实现了逆势增长，货物吞吐量连续第 12 年保持全球第一，集装箱吞吐量继续位列全球第三。曹妃甸港集团股份有限公司年度吞吐量达到 1.13 亿吨，同比增长 19.57%，刷新年度运量纪录；铁路疏港量 1380 万吨，同比增长 36.9%；年内新增内陆港 3 个，成功开行首列“唐西欧”中欧班列，正在成为东北亚地区经济合作的便捷通道、“一带一路”的重要节点。

立足企业　面向社会
建设示范性高技能人才培训基地

东北工业集团有限公司

东北工业集团有限公司隶属于中国兵器工业集团有限公司，下辖12个分（子）公司，有产业工人3616人，占员工总量的67.8%。

2020年以来，公司按照全国产业工人队伍建设改革试点工作部署，认真做好“建设示范性高技能人才培训基地，建设工匠学院，孵化拔尖人才，培育更多高技能人才”项目试点工作，依托公司培训中心（对外注册为吉林东瑞精益管理咨询有限公司），对内通过开展技能培训、技能竞赛、技能等级认定等工作，为企业培养高技能人才，不断提升产业工人技能水平。同时，对外开展高技能精益制造培训。

公司培训中心已成为东北地区首家集理论教学、网络学习和实践操作于一体，全面模拟企业生产流程与管理流程的精益管理学习培训机构和专业性咨询机构，为社会培养了大量工匠人才。

一、加强产业工人队伍建设改革规划，强化技能人才队伍建设、制度建设和基础工作

公司组织制定和实施《东北工业集团有限公司三年（2020—2022年）人才队伍建设计划》《东北工业集团有限公司职业技能提升工作方案（2020—2021年）》，明确公司的产业工人队伍建设改革目标。制定完善东北工业集团有限公司《专业人才管理办法》和《专业人才评选实施细则》，突出设计技能人才职业成长空间。将技能序列专业通道设置为“三层八级”，技能人才最高可晋升至“兵器集团级首席技师”。技能层级设置与科

技序列层级等同，依据技能人才的技能水平、工作业绩等实施评价，畅通技能人才晋升通道，促进员工实现岗位晋升、岗位成才。

从2020年初开始，公司组织各工种造诣较深人员，以国家职业技能标准及行业标准为基础，研究制定了符合企业实际的职业技能标准，并制定39个职业（工种）的培训大纲及考评试题库。2020年，公司投资搭建了“东工网教平台”，开发上线了科技类、外语类、技能类、精益类等50门视频课程、28本电子书和600套闯关练兵试题，开设“一站到底”“好友pk”“无纸化考试系统”“专家门诊”“和“交流园地”等学习模块，提供“学、练、考、评、管”为一体的教学服务，为技能人才培养提供了有力支撑。

二、立足企业发展需要，培养高素质技能人才队伍

（一）开展职业技能等级培训。公司利用“东工网教平台”制定在线课程体系和培训方案，录制并上传了12个工种的专业课程以及机械原理、金属材料与热处理等基础课程，开展线上培训，供员工利用业余时间学习。采取集中培训加网络平台直播的方式开展线下培训，适时举办光学磨工理论知识培训、职业安全培训、消防演练培训等。以班组或车间为单位开展现场培训和岗位练兵培训，使技能人员掌握和使用新设备、新技能。2020年，公司举办线上线下、远程和实操培训50期共707个学时，参训员工4231人次。

（二）开展职业技能等级认定工作。自2019年9月起，公司开展职业技能等级认定试点工作。公司建立了首批共29人的职业技能等级认定专家库，与长春职业技术学院等6所职业院校合作，聘请31名专家，为开展职业技能等级认定培训提供师资保障。加强考评员队伍建设，组织各工种专业人员参加国家和兵器集团组织的考评员培训，50人取得考评员资质，其中高级考评员23人、考评员27人，覆盖企业自主认定的14个职业。2020

年，完成30个职业、2121人的职业技能等级认定工作，其中高级工及以上高技能人员884人。

（三）组织开展职业技能竞赛。2020年，公司组织内部安全生产管理人员、焊工、多工序数控机床操作调整工、维修电工和装配钳工职业技能大赛；承办长春市和蓬莱市2020年职工磨工（光学冷加工）技能竞赛、汽车装配工职业技能竞赛；组队参加2020年吉林省工业信息系统材料测试检验行业职工技能竞赛，以及“红旗杯”首届全国机械行业班组长管理技能大赛。

三、发挥对外辐射作用，面向社会开展工匠人才培训

培训中心拥有精益管理、智能制造两个培训中心，面积2000余平方米，设有精益安全、生产制造、标准作业、成本管理、物流配送、品质管理、设备保全、班组建设、精益研发、智能制造自动化生产系统和智能制造运营系统等10余个培训模块，拥有50余名专家的师资力量。培训中心对外主要开展精益管理培训，培养工匠人才，已成为吉林省人才培养基地、吉林省工信厅“吉林省精益管理培训基地”、吉林省总工会“吉林省精益工匠培育示范基地”。吉林省总工会计划通过与培训中心合作，共建“吉林省精益工匠培育示范基地”，5年为吉林省培训、培养7000名精益与智能制造技能人才。

自“吉林省精益工匠培育示范基地”成立以来，培训中心制订培训计划，科学规划培训课程，由国内精益管理、智能制造高级讲师主讲。其中，线下培训开设了精益管理在实战中的应用、盈利沙盘实战、落地智能制造、TPM设备管理、APS、MES和改善工具类等课程。线上培训开设精益基石支撑智能制造、精益数字化生产线的规划设计、快速换产、精益物流与看板管理、QC小组活动、现场质量管理等12门课程，可根据报名学员情况而选定“一企一课”课程表。

培训基地实行工作例会交流制度，每月对培训情况进行总结，定期向吉林省总工会汇报有关情况，做到“教学有计划、有组织、有记录，管理有规定、有激励、有总结”；评选优秀案例，形成《成果集》；建立培训企业和员工档案，为企业人员培养提供数据支持，也为吉林省总工会选拔专业人才、课题研究、技术攻关等提供支撑。

2020 年，培训中心实施培训 47 期，2882 名技能工匠、劳模代表参训。其中，线下培训 33 期，996 家企业共 1742 人参训；线上培训 14 期，159 家企业共 1140 人参训，全面完成前两个周期 2500 人的培训任务。

明定位、拓通道、搭平台、优机制
全力推进“双师型”人才队伍建设

中国中车集团有限公司

中国中车集团有限公司（以下称为“中车”）由原中国南车集团公司和中国北车集团公司重组而成，历史可以追溯到1881年。2021年是中车创建140周年。中车已成为全球规模领先、品种齐全、技术先进的轨道交通装备供应商，连续多年销售收入居行业全球第一。

中车成立以来，习近平总书记三次莅临视察，嘱托中车持续领先领跑，带动整个装备制造业“比、学、赶、帮、超”。企业牢记总书记嘱托，把推进产业工人队伍建设改革作为实现高质量发展的基础保障，制定了《中车新时代产业工人队伍建设改革实施意见》，把技术工人作为世界一流人才队伍的有机组成部分，全面提高产业工人素质，在“双师型”（技师和工程师）人才队伍建设方面取得了显著成效。

在实践中，中车采取了“1244”工作方法，即明确一个目标、拓宽两个通道、搭建四个平台、完善四项机制。

一、明确一个定位目标

中车推进全球一体化人力资本管理体系建设，明确“双师型”人才培养的定位目标为“两具备、四作用”。

“两具备”：一要具备精湛技能、丰富经验，能够独立解决关键难题；二要具备理论基础、创新能力和传授能力，能够实现成果转化和技艺传承。

“四作用”：一是解决现场问题、攻坚克难；二是名师带徒、技艺传承；三是产品交付、售后服务支撑；四是培养高技能领军人才。

二、拓宽两个发展通道

中车创新产业工人全职业生涯培训培养机制，突出“高、精、尖、缺”导向，制定《核心人才管理办法》《青年人才成长实施意见》《技师管理办法》等制度，构建“双师型”人才成长的“两个发展通道”。

职业发展通道。在国家确定的5个等级基础上，增设了“子公司技能专家—集团技能专家—集团资深技能专家—集团首席技能专家—中华技能大奖”5个发展层级，引导广大技术工人争当高技能领军人才。

职称发展通道。在专业技术职称评聘中，设立了技艺传承、职业标准、教材开发、独有操作法、专利发明和岗位业绩贡献等量化条件。授权制造类企业开展技能人才工程系列初级职称评审。截至2020年末，中车拥有正高级职称1人、副高级职称73人、中级及初级职称1113人。

三、搭建四个提升平台

中车坚持“高端引领、整体开发”的人才发展原则，搭建了“四个提升平台”。

国际化高端技能人才培训平台。每年至少举办境外高技能人才培训班1期、集团级技能人才培训60期，学习国际先进经验，强化生产与课堂零距离链接，拓展“高端视野”，提升“高超技能”。

金蓝领和劳模创新工作室平台。制定了《金蓝领和劳模创新工作室建设指导意见》，每两年组织一次集团级工作室评审、命名，并给予5万元经费支持。截至2021年6月，中车拥有“双师型”人才领衔的全国示范性劳模和工匠人才创新工作室11个、国家技能大师工作室32个、省市级劳模和技能大师工作室287个。

技术比武、技术练兵平台。集团每两年组织一次职业技能竞赛（人社部批准的国家二类竞赛），制造类子公司每年都开展全员岗位练兵活动和不同工种技能比武活动，以赛带训、以赛促训引导产业工人提升技能水平。

中车“高铁工匠学院”平台。按照国家发改委、工信部产教融合要求，在全国总工会、铁路总工会的大力支持下，中车依托人力资源中心、中车大学资源和设备，五年内按每年不低于100万元的集中投入，把中车“高铁工匠学院”建成劳模大师创新高地、技能培训示范基地、综合素质提升基地、工匠精神教育基地。

四、优化四项激励机制

中车按照“体面劳动、全面发展”要求，构建了“四项激励机制”。

政治激励机制。强化和创新党建工作，产业工人中党员发展比例超过40%。其中，党的十九大代表3人、十三届全国人大代表3人、省市兼职工会副主席10人。

薪酬激励机制。落实《核心人才管理办法》，部分首席技能专家的薪酬达所在企业副总工程师的水平，部分资深技能专家的薪酬达所在企业中层管理人员的水平。9位中华技能大奖获得者中，最高年收入达到67万元，是所在企业职工平均收入的5倍。

成果激励机制。落实国家科技部要求，在公司各级科技奖项中设置了“技能人才组”。2020年，有11项产业工人创新项目获得中车科学技术奖。企业不断加强对先进操作法的总结、提炼、推广，使先进操作技能可以更好地传承。

荣誉激励机制。2020年，中车有10名产业工人被评为全国劳模，有17位高技能人才获得国务院政府特殊津贴。对作出突出贡献的技能人才，集团公司主要领导接见、慰问，党政工团联合表彰，让高技能人才更受尊重、更有尊严、更显价值。

深入实施“1+3”领创行动 深入推进产业工人队伍建设改革落地见效

中车戚墅堰机车车辆研究所有限公司

中车戚墅堰机车车辆研究所有限公司（以下称为“戚墅堰所”）在推进产业工人队伍建设改革过程中，深入实施“1+3”领创行动：坚持党的领导、创造提升平台、创新激励机制、创建暖心家园，推动产业工人队伍整体素质持续提升、合法权益得到有效维护、先进性不断彰显。

一、坚持党的领导，引领产业工人固根铸魂、提高站位

坚持提高政治站位，把“引导产业工人听党话、跟党走”作为产业工人队伍建设改革的首要任务。

强化顶层设计。戚墅堰所召开产改工作推进会和技能人才工作会，把产业工人纳入党管人才的范围。制定了《戚墅堰所新时代产业工人队伍建设改革实施意见》，建立了责任清单，明确了 4 大类、83 项措施、160 个量化指标，为产改工作有序推进打下了良好基础。

强化党建创新。戚墅堰所坚持用微讲堂、微视频、微故事、微党课等形式，强化思想政治工作进班组。在优秀技术工人聚集的劳模、大师工作室成立党支部，形成了“政治素养与业务素质相融合、劳模精神与工匠精神相融合、技能创新与技术创新相融合、个人成长与团队进步相融合”的工作特色。创新建立班组党员“指导员”制度，将党建工作的“触角”延伸到了生产一线，全面消除了无党员班组。

强化宣传引导。戚墅堰所产业工人的先进事迹在中央电视台《新闻联播》节目中播出；产改经验在“学习强国”教育平台上展示；《人民日报》

《工人日报》等多家媒体报道戚墅堰所产改成效近60篇；相关经验在江苏省内被交流分享。中车产改的优秀实践成果得到进一步推广。

二、创造提升平台，促进产业工人提高技能、传承精神

坚持紧扣创新这一核心地位，引导职工参与科技创新，搭建系列化“群创”平台，全面激活产业工人的创造力。

搭建学习培训平台。戚墅堰所获批江苏省产教融合试点单位，成为全国开展国际无损检测人员和国际焊工培训认证的专业机构。成立戚墅堰所培训学院，设立产业工人项目部，建立钳工、维修、精益3个实训中心，为产业工人提供提升实战技能平台。新冠肺炎疫情期间，公司员工刘云清、万升云在“全国产业工人技能学习平台”开展职工技能培训，获得广大受众和各大媒体点赞。全总专门发来感谢信，对2位同志在助力疫情防控阻击战、提升职工技能水平工作中作出的无私奉献表示感谢。

搭建项目攻关平台。戚墅堰所每年与劳模、技能大师工作室签订年度创新攻关项目，让生产现场的难题成为产业工人创新的课题，使产业工人在项目攻关的过程中得到迅速成长。5年来累计开展攻关项目近100项，创造经济效益2.5亿元以上。2020年，公司依托劳模创新工作室、技能大师工作室成立了智能制造事业部，将各工作室的创新资源“串点成线，连线成片”，为产业工人发挥作用创造了更广阔的舞台。

搭建产业工人科技创新平台。在公司科学技术奖项中，设置“产业工人组（序列）”。2020年由技能工人主持的科研项目有5项，参与项目超过100项。10余项成果获全国职工优秀技术创新成果优秀奖、江苏省科学技术奖等，1项成果获全总专项资金补助。

三、创新激励机制，保证产业工人多劳多得、技高多得

签订《职工技术创新激励集体合同》，产业工人激励体系得到进一步完善。

创新“双师型”人才培养机制。戚墅堰所按照中车集团的方案制定职业资格、职业技能等级与相应职称比照的参评制度，鼓励具备条件的工程师考取技师职业资格，鼓励高技能领军人才参加工程系列职称申报。让产业工人懂理论，让技术人员懂实操，畅通了设计与现场的桥梁，打破了“技术蓝领”与“智慧白领”的壁垒。目前，戚墅堰所共有“双师型”人才21名。

创新产业工人待遇提高机制。公司一线职工工资增幅不低于公司平均工资增幅。公司首席技能专家能获得超过中层干部的待遇，资深技能专家可获得相当于中层干部的待遇，享受同一层级技术管理专家同等的交通、通信等福利政策。

创新产业工人中长期激励机制。结合公司入选第四批混合所有制改革试点契机，实施科技型企业岗位分红、超额利润分享，将高技能领军人才纳入分红范围。探索创新、创业项目分红激励机制，推动一线技术创新成果转化为企业现实生产力和经济增长点。

四、创建暖心家园，实现产业工人体面工作、舒心生活

坚持以满足员工对美好生活的向往作为工作目标，持续提高员工的归属感、幸福感、获得感。

落实“体面工程”。鼓励产业工人代表有序、有效地参与公司治理。2020年，公司职代会一线职工代表同比提升10%。一线维修工董国节当选为常州市青联副主席、中车第一次党代会代表；大国工匠刘云清当选为常州市总工会常委。

深化“关爱工程”。为员工办理补充医疗保险，出台新员工住房补贴政策，成立“红娘志愿者服务队”，有效解决了“看病难、购房难、婚恋难”问题。成立售后服务人员“后援团”，实施职工EAP心理帮扶计划。开展的劳动保护监督检查和食堂民主监督获铁路总工会民主管理工作优秀案例

一等奖。

完善“舒心工程”。开展职工群体活动，做到年年有主题、月月有活动，让员工感受到家的温暖、群体的力量。打造职工“七彩家园”，举办的“家·年华”系列活动获评江苏省总工会职工思想政治工作创新优秀案例一等奖。

把劳动教育融入人才培养全过程

湖南吉利汽车职业技术学院

湖南吉利汽车职业技术学院提出了好品格、好习惯、好技能的“三好教育”理念，将劳动教育作为职业教育的基础和核心，使劳动教育规范化、制度化和标准化，融入人才培养的全过程，取得了较好成效。

一、不拘一格、形式新颖，打造劳动教育品牌项目

做好职业教育，首先要让学生对劳动有正确的认识。这个问题不解决，职业教育就是空谈。为此，学院先后开设了“开心农场”“义工劳动”等项目，培养学生劳动兴趣，增强学生劳动素养。这些项目成为最受学生欢迎，参与度、热度最高的劳动“大小王”品牌。

开辟“开心农场”。2014 年，学校从校内选择了约 20 亩地，开辟了“开心农场”，每个班级一块地。学生负责平整、种植、锄草、浇水、施肥、采收果实、记录和总结种植经验等，见证农作物的生长过程，从劳动中体验生活的艰辛和快乐。“开心农场”收获的瓜果蔬菜由班级同学分享。有的人把瓜果蔬菜送给了教师，作为感恩礼物；有的人把瓜果蔬菜卖给了食堂，积累班费；有的人直接找饭店做成菜，组织班级同学聚餐，享受自己的劳动果实。“开心农场”项目让广大同学改变了对劳动的偏见和歧视，享受了劳动的乐趣和成果，对学生价值观的形成产生了重要影响。

开展“义工劳动”。2015 年，根据吉利控股集团的精准扶贫计划，学院招收了 755 名建档立卡家庭学生，免除其全部学杂费用，每月发放 300 ～ 500 元生活费。为了贯彻落实习近平总书记“扶贫要与扶志、扶智相结合”的精神，克服“等、靠、要”思想，学院设立了“义工劳动”项

目，获得资助的同学每天都要参加半个小时的义工劳动。劳动内容分为打扫厕所、卫生保洁、图书馆管理、多媒体教室维护等，学生可在网上自愿申报选择。“义工劳动”引导学生养成了感恩意识、公益意识和励志精神，保护了学生的自尊心，让他们在劳动中受到了教育。目前，学校教学楼、实训中心等公共厕所都是由学生自己打扫。

二、全面贯穿、全员育人，建立劳动教育课程体系

2018 年 12 月 18 日，在总结多年来开展劳动教育的基础上，学院发布了《劳动教育大纲》，正式将劳动教育纳入人才培养体系，贯穿教育教学全过程。2020 年，根据新时代产业工人队伍建设改革试点的要求，学院对劳动教育大纲进行了进一步的完善和细化。

学院坚持每一个教学环节都要突出劳动教育理念。无论是理论课，还是实践课、公共课、专业课，所有课程都要落实德、智、体、美、劳全面发展的教育方针，全方位育人。

学院坚持每一个教职员工都要承担劳动教育责任。学院负责劳动教育的总体设计、全面部署和监督指导；教务处负责劳动教育课程的建设和实施；学生处负责组织各班级开展劳动、竞赛和考核；后勤服务中心负责为劳动教育提供后勤服务与物资保障。学院还聘任了一批专兼职指导教师，负责对学生开展劳动安全与技术指导。

学院积极把劳动教育延伸到校外。学院充分整合校企合作资源，为学生争取各种各样的公益劳动锻炼机会。实践中，湘潭高铁北站志愿服务、湘江环保行、“当一天环卫工人”等公益劳动活动吸引了大量学生参与，产生了较大的社会影响。

三、循序渐进、分段培养，丰富劳动教育实施途径

学院遵循学生的身心发展规律和教育规律，对不同的年级采取不同的

劳动教育方式。

一年级以农业和生活劳动为主，侧重劳动态度教育。通过“开心农场”、校园包干区劳动、宿舍6S管理、烹饪技能、“义工劳动”等项目，使学生逐渐形成劳动观念和劳动习惯。

二年级以实训和工业劳动为主，侧重劳动技能培养。在学习基础知识的前提下，通过以赛促学，周周比、月月赛，在实训中心接受劳动锻炼，掌握一定的技能后，到工厂参加特训营项目、跟岗实习，提高劳动技能和创新能力。

将三年级作为实习阶段，让学生开展完全的职业化劳动，让其提前适应社会、适应职场。学生从轻视劳动、理解劳动、尊重劳动到参与劳动、热爱劳动，掌握日常劳动技能，逐渐成长为既坚守职业精神，又掌握熟练技术的高素质劳动者。

四、考评结合、注重实践，创新劳动教育评价方式

除了劳动实践之外，学院还高度重视劳模精神、劳动精神、工匠精神、劳动安全等方面的教育。为了保证教学效果，学院还创新了评价方式。现主要有三种评价方式，即平时表现评价、学期综合评价和劳动竞赛评比。通过劳动写实记录方式，及时评价学生平时的劳动教育实践活动，以评价和交流来促进学生成长；根据平时表现记录进行学期综合素质评定；在现有班级劳动、义工劳动、志愿劳动的基础上开展劳动竞赛，把家庭劳动和宿舍6S管理纳入劳动竞赛内容，每周评比劳动积极分子，每月评选月度劳动青年、月度劳动优秀班级，每年评选学院劳动青年。劳动考核和劳动评比结果作为评奖、评优、评先的重要依据。

学院还修订了毕业标准，学生达到以下要求才能准予毕业：安全教育考核合格；劳动态度和6S管理考核合格；完成规定的劳动实践，经考核合格；自选义工或公益劳动，超过一定时长者，优先评定“优秀毕业生”。

完善机制　源头治理
切实保障劳务派遣工合法权益

广东省推进产业工人队伍建设改革领导小组办公室

按照全国推进产业工人队伍建设改革协调小组安排，广东省是“完善劳务派遣工管理机制，切实保障劳务派遣工的合法权益”项目的全国试点单位。

广东省深入学习贯彻习近平总书记关于产业工人队伍建设改革的重要指示精神，克服新冠肺炎疫情困难，深入调研、精心部署，协调配合、全力推进，使得试点工作取得阶段性成效，劳务派遣用工管理进一步规范，劳务派遣工的权益保障进一步落实。

一、高度重视，加强组织领导

2020 年 1 月，《关于开展产业工人队伍建设改革试点工作的通知》印发，广东省委高度重视，高位谋划，推进试点工作。省委副书记、深圳市委书记、省推进产业工人队伍建设改革领导小组组长王伟中作出批示，提出明确要求；省人大常委会副主任、省总工会主席、省推进产业工人队伍建设改革领导小组副组长吕业升主持召开专题主席工作会进行部署；省总工会党组书记、常务副主席、省推进产业工人队伍建设改革领导小组办公室主任陈伟东召开党组会议研究具体方案，推进落实举措。

为加强组织领导，广东省成立试点工作领导小组、制定试点工作方案，21 个地市相应成立市试点工作领导小组，在全省开展试点工作，加强联动，形成试点工作合力。

二、深入调研，掌握劳务派遣管理和权益保障情况

2020年，广东省总工会与省人社厅克服新冠肺炎疫情影响，开展了劳务派遣工情况调研。重点调研使用劳务派遣工数量较多的广州、深圳、珠海、佛山、东莞、中山6个市及若干中央、省属企业，听取各市人社、工会等单位以及劳务派遣企业和用工单位行政、工会双方的情况介绍，与劳务派遣工代表座谈交流，发放调查问卷，了解掌握当前劳务派遣用工各方面情况。

调研表明，广东省取得劳务派遣资质的企业为9050家，共有劳务派遣工110.13万人。其中，珠三角有劳务派遣企业8151家，占比90.1%；派遣工人99.24万人，占比90.11%。受新冠肺炎疫情影响，不少劳务派遣公司处于休整状态，派遣员工数量也有所减少，但总体经营正常、状态良好。全省劳务派遣工整体稳定，均未出现劳资纠纷群体性事件，未发现受疫情等因素影响导致的大规模失业动向。

通过调研，广东省掌握了劳务派遣工权益保障总体情况：一是大部分劳务派遣工签订了劳动合同；二是工资待遇仍有差别；三是大多数劳务派遣工参加了社保；四是入会率不足5成。

三、源头治理，加强劳务派遣规范管理

（一）构建协同共享的劳务派遣用工实名制信息系统。组织开发“广东省劳务派遣管理信息系统”，要求各地市人社部门将该系统网址更新链接至省政务服务网上的“劳务派遣经营许可”实施清单中，推动劳务派遣行政许可业务全流程网上办理。积极推进劳务派遣实名制信息化管理，该系统对劳务派遣单位和用工单位开放端口，要求将所有劳务派遣员工信息登入系统，实现实名制管理和动态监控。

（二）出台规范性制度文件。广东省相继出台《关于加强劳务派遣用工

监管的通知》《关于进一步做好获得经营许可劳务派遣单位公示工作的通知》《广东省人力资源和社会保障厅规范劳务派遣用工行动方案》后，于2020年11月出台《关于进一步规范劳务派遣管理的指导意见》。指导意见以问题为导向，按照劳务派遣管理服务链条闭环提出意见，通过严格管理劳务派遣经营行政许可，细化劳务派遣公司场所和管理人员从业要求，加强事中事后监管服务，强化监督执法检查，配套制定年审、用工实名制、行业管理、异地协作监管等制度，构建系统完备、科学规范、运行有效的制度体系。

四、专项检查，督促劳务派遣用工单位规范用工

广东省人社厅联合省总工会等部门开展劳务派遣专项检查、配合省“三方四家机制”开展“和谐同行”千户企业培育等多个专项行动，重点加强对用工单位使用劳务派遣工情况的监督检查，督促其依法规范使用劳务派遣工。充分发挥联席会议制度作用，用好“人社＋工会”“法院＋工会”“三方联调”“集体协商”等制度。充分发挥工会法律援助和工会律师团的作用，为劳务派遣工提供更贴近、更便捷、更有效的法律服务，提前介入调解，缩短劳务派遣工维权耗时，减少劳务派遣工仲裁和诉讼成本，最大限度为劳务派遣工争取合法、合理权益。

2020年3月，广东省总工会、省人社厅、省企联、省工商联联合印发了《关于在疫情防控和复工复产中充分发挥集体协商作用的意见》，倡议并指导劳资双方共商共建，开展多形式、多层级的沟通协商。

五、依法维权，充分发挥工会职能

2020年以来，广东省总工会抓好组织、阵地、队伍、制度四大建设，全省2.9万余家百人以上企业，组建工会2.72万余家（含劳务派遣单位），建会率达94%，使得基层组织的工作力量进一步充实，建设水平进一步提

升，服务劳务派遣工的基础进一步稳固。

（一）深入落实依法维权。加强法律服务：通过 12351 职工热线电话与网上法律咨询，为劳务派遣工提供 24 小时不间断服务，新冠肺炎疫情初期通过微信小程序解答疑问；通过门户网站、App、讲座、宣传册等各种渠道多元化普法，及时梳理疫情防控期间涉及劳务派遣工切身利益的问题，构建和谐劳动关系。依法应急处置：2020 年，广东省总工会通过舆情监测发现劳资纠纷舆情信息 4000 余条，第一时间交各地市核实处置，及时妥善处理了拖欠工资等 17 宗涉劳务派遣的舆情事件。

（二）广泛开展就业服务。鼓励企业稳定现有就业岗位，及时将劳务派遣工、失业人员、农民工、去产能分流职工、困难职工家庭成员等重点群体纳入工会就业服务范围，开展专项就业帮扶。通过各种就业品牌，采取多元化就业信息推广渠道，积极开展就业培训，稳定劳务派遣工队伍就业，拓宽其上升渠道。建立从优秀劳务派遣工中培养、选拔出骨干员工走上经营管理和技术开发岗位的选人、用人渠道。

“劳务派遣工也是自己人”

中国铁路广州局集团有限公司

中国铁路广州局集团有限公司（以下称为“集团公司”）党委认真贯彻落实习近平总书记关于工人阶级和工会工作重要论述，按照广东省委、省政府和国铁集团党组的部署，聚焦“政治上保证、制度上落实、素质上提高、权益上维护”的总体思路，制定实施《贯彻落实〈新时期产业工人队伍建设改革方案〉若干具体措施》，着力推进产业工人队伍建设改革方案落实、落地。

2020 年 7 月 30 日，广东省深化产业工人队伍建设改革工作推进会后，广铁集团进一步提高站位，把 9871 名劳务派遣工当作“自己人”，不断完善劳务派遣工管理机制，切实保障劳务派遣工的合法权益。

一、坚持一条主线，强化思想政治引领

集团公司始终把加强职工队伍思想政治建设这条主线作为团结引领全体职工在“交通强国、铁路先行”新征程中当尖兵、当先锋的党建重点工作来抓。

（一）实现组织覆盖。积极探索实行以用工单位党组织为主，劳务派遣单位党组织和户籍所在地党组织紧密衔接、共同负责的发展劳务派遣工入党的有效方法，建立完善在劳务派遣工中发展党员的工作机制，及时将劳务派遣工中的优秀分子吸收入党，促进在劳务派遣工中发展党员工作更加规范，使得党员队伍结构更加优化。2019 年以来，共发展劳务派遣工党员 48 人（全集团共发展党员 1822 名），其中有 29 名为劳务派遣工班长党员。同时，加强工会组织建设，所有劳务派遣工全部在集团公司入会。

（二）突出宣传教育。大力弘扬“三种精神”，广泛开展“百千万”（百名劳模讲形势、千名工会干部讲任务、万名职工讲奋斗）主题宣讲，以职工为主角打造《劳动者之歌》《奋进新时代》《感动广铁》等文化精品，深入推进职工文化建设和精神文明创建，不断巩固广大职工团结奋斗的共同思想基础，增强“企业发展我有责、美好生活我有份”的命运共同体意识，让劳务派遣工听党话、跟党走的思想自觉和行动自觉不断增强。

（三）落实制度安排。健全落实劳务派遣工主人翁地位的制度安排，逐步提高各级党代会、职代会、工代会、团代会代表中劳务派遣工的人数和所占比例，不断拓宽劳务派遣工参政、议政的渠道，引导他们依法理性、有序地表达利益诉求，维护队伍团结统一、企业和谐稳定。

二、完善两项机制，规范劳务用工管理

（一）完善劳务用工管理制度。2020 年以来，按照职责清晰、部门联动、权力制衡、运行规范的原则，集团公司修订下发《广州局集团公司劳务派遣工使用管理实施办法》，使得劳务派遣工使用管理更加规范，党、工、团组织关系更加明晰。

在日常管理上，实行劳务派遣工与企业职工“一个标尺”动态管理，压实闭环管理链条：集团公司及所属单位与劳务派遣公司签订劳务派遣协议，明确双方的责任与义务，明确派遣人数、费用等重要内容；劳务派遣公司作为用人单位，与劳务派遣工签订劳动合同，明确派遣单位、岗位以及双方权责；集团公司各用工单位与劳务派遣工签订《岗位守则》，对工作岗位、工作标准、工作纪律、工作保障等内容进行明确约定，确保管得好、管得规范。

（二）完善劳务派遣工择优选拔录用机制。集团公司坚持抓好劳务派遣工择优选拔录用工作，近 5 年已择优选拔录用了 857 名优秀劳务派遣工为劳动合同制职工。2020 年 8 月，在集团公司党委的领导下，工会会同劳资

部门通过广泛调研、恳谈形成一致意见，制定下发《广州局集团公司劳务派遣工积分制择优选拔录用实施办法（试行）》，进一步强化了爱岗敬业、技能领先的择优导向，畅通了劳务派遣工成长发展通道，激发了劳务派遣工提升素质、苦练技能、创先争优的工作热情。

三、搭建三个平台，促进职业素质提升

大力弘扬劳模精神、劳动精神和工匠精神，建立健全培养、考核、选拔相统一的激励机制，不断提高劳务派遣工的综合素质和职业技能水平。

（一）搭建技能训练平台。集团公司结合发展需要，坚持统一标准、统筹安排，制定实施职工和劳务派遣工相统一的技能培养规划和培训制度，促进了劳务派遣工的技能提升。加强对劳务派遣工在日常工作中的培养和职业引导，对表现突出的劳务派遣工给予更多职业晋升的机会。目前，全集团客运系统共有劳务派遣工列车长 862 名，占客运乘务岗位劳务派遣工总数的 14%。

（二）搭建竞赛成长平台。建立由集团公司统一规划、工会牵头协调、职能部门具体实施的职工劳动和技能竞赛机制，劳务派遣工与劳动合同制职工同一平台、同一标准参加职业技能竞赛、技能等级鉴定（认定），获得名次及成绩的，按照相应标准给予同等奖励。2016 年以来，集团公司共有 517 名劳务派遣工通过参加职业技能竞赛取得优异成绩，被择优选拔录用。

（三）搭建创先争优平台。对于集团公司及所属各用工单位的各类评先活动，均按照劳务派遣工在用工总数中的占比，分配相应名额予以表彰，极大提升了劳务派遣工创先争优的工作积极性。2017 年以来，共有 237 名劳务派遣工被评为集团公司年度先进生产者（全集团每年评选 500 人），12 人荣获全路火车头奖章，1 人荣获广东省五一劳动奖章，1 人被授予全国铁路劳动模范荣誉称号，1 人被授予广东省劳动模范荣誉称号，1 人被评为全国职业道德先进个人。

四、做到四个同步，共享企业改革发展成果

（一）工资薪酬同步增长。集团公司实行统一的薪酬调整机制、月度生产奖励制度、津补贴制度、奖金发放制度和带薪休假制度，劳务派遣工与劳动合同制职工同标准增资，在同一平台进行月度绩效考核，同标准享受高温津贴、交通补助、夜班津贴、一线岗位津贴等津贴补助，同步同标准发放百日安全奖励、全员一次性奖，同标准享受带薪年假、婚假、丧假、产假等各类假期等。

（二）福利待遇同步保障。集团公司在与劳务派遣公司签订的劳务派遣协议中，明确了为劳务派遣工缴纳各项社会保险和住房公积金，所有费用均由集团公司与劳务派遣公司据实结算。逢年过节，劳务派遣工享受劳动合同制职工同样标准的年节物资。春夏秋冬，各级工会同步对劳务派遣工开展送温暖、送清凉、送关爱等系列慰问活动。

（三）生产生活同步改善。在一线生产岗位，劳务派遣工与劳动合同制职工同出同归同劳动、同吃同住同生活。近年来，集团公司大力推进安全优质标准线和文化、生活、卫生保障线建设，使得沿线站区的生产生活条件得到了极大改善、职场环境焕然一新。

（四）文体活动同步开展。将工会经费统一标准、同步安排，统一组织工会活动，实行同步奖励。近年来，广大劳务派遣工的劳动热情、主人翁意识得到充分调动和展现，对企业的认同感、获得感明显提升。

下篇

各地试点案例

积极推进产业工人队伍建设改革 让产业工人更有荣誉感、获得感、幸福感、安全感

北京市建筑工会

北京市建筑工会作为北京市产业工人队伍建设改革试点单位，坚持以习近平新时代中国特色社会主义思想为指引，高质量推进产业工人队伍建设改革，打造一支数量宏大、技术精湛的产业工人队伍，为加快推进首都高质量发展提供人才支撑。

一、强化思想引领，让产业工人更有荣誉感

以劳模评选为契机，大力开展劳模选树工作。2020 年，获评全国劳模 8 名、北京市劳模 74 名、北京市模范集体 13 个、北京市三八红旗集体 1 个、三八红旗奖章获得者 3 名。通过组织座谈会等形式交流劳模事迹，将劳模事迹上抖音、上官网等，引发网民广泛关注和学习，大力弘扬劳模精神、劳动精神和工匠精神。

认真贯彻落实《北京市关于加强和改进新时代产业工人队伍思想政治工作的意见》，组织职工积极参加“网聚正能量”和“八小时约定”职工演讲等活动，组织系统工会上报作品 200 多个，涉及微视频、微课、歌曲、摄影作品，并有多个单位获奖。

通过系列活动培育、践行社会主义核心价值观，在建筑系统营造劳动光荣的社会风尚和精益求精的敬业风气，为首都创新发展凝聚力量、贡献智慧。

二、强化技能提升，让产业工人更有获得感

积极开展劳动和技能竞赛。组织各个单位、广大会员积极参加中国海员建设工会“全国公路工程建设劳动和技能竞赛项目”。28个优秀案例项目中，北京建筑系统占13个。在京津冀交通一体化竞赛表彰中，获得全国五一劳动奖状、全国五一劳动奖章、全国工人先锋号各1个。3年来，累计获评优秀组织单位1家、优胜项目12个、先进个人4名。

举办首届首都建筑业产业工人技能才艺展演活动。搭载展示技术、实现梦想的舞台，助推产业工人技术创新。来自北京市建筑系统25家集团公司的300余名职工参加了技能才艺展演活动。活动现场分为舞台展示区、塔吊实时视频展示区和现场技能展示区，不仅有传统的焊接、砌筑、钢筋绑扎、道路测量、塔吊技能展示，还加入了古建彩绘、水质检测、水泥砂浆主题雕刻等现代技术，体现了传统工艺与现代技术的融合发展。活动在北京工人App、全总“全国产业工人学习社区”等平台进行网络直播，观看人数突破22万人，并被中央电视台、北京电视台、《工人日报》、《劳动午报》等媒体宣传报道。中建一局的展演作品《套筒灌浆饱满度测试仪》还被邀请进入北京市地方标准——DB11/T 1470《钢筋套筒灌浆连接技术规程》，被写入主控项目、强制检验条款。

加大技能培育。2020年，新获评市级示范性创新工作室5家、市级创新工作室13家，获得市总职工创新助推项目25项，获评职工自主创新成果一等奖2个、二等奖3个、三等奖3个。在第二届“北京大工匠”30个工种的申报评选活动中，2人获评“北京大工匠”、2人荣获“北京大工匠”提名奖。同时，获得市总“北京大工匠”一次性奖励和连续3年创新工作室项目资金支持，助力创新成果转化，使工匠精神在产业工人队伍中蔚然成风。

三、强化优质服务，让产业工人更有幸福感

北京市建筑工会系统内有 5 家企业获得职工之家资助，推进暖心驿站建设 600 家。在服务职工中坚持唱好“四季歌”、打好“五送牌”，开展对北京重点工程、京外一线职工的慰问；拨付资金 100 余万元开展对疫情防控前线企业和职工的专项慰问，为 2500 名外地来京农民工免费体检。

同时，北京市建筑工会将消费扶贫与抗击疫情、劳动保护、夏送清凉等活动结合起来，对奥运工程项目、城市副中心项目、京津冀协同发展项目、交通基础设施项目等进行慰问，涉及职工约 2 万人。截至 2021 年 1 月 10 日，建筑工会系统集团工会层面累计投入 600 多万元资金进行慰问。

四、强化维权保障，让产业工人更有安全感

建立健全维权机制。加强与行业主管部门的联系沟通，就相关重要问题进行通报会商，促进工会与政府部门会商达成原则意见。通过多种方式推进职代会制度和厂务公开民主管理工作，积极推动以“保企业、保就业、保稳定”为主导思想的集体协商有效开展。

不断加强劳动保护。修订《建筑业劳动安全专项合同》，在建筑业企业中大力开展“安康杯”竞赛活动，督促企业依法履行主体责任，提高减灾避险的能力。2020 年，在全国“安康杯”竞赛中，北京市建筑业系统获评先进集体 17 个、先进个人 2 名；在北京市“安康杯”竞赛中，获评先进集体 52 个、先进个人 11 名。

推动成立物业行业工会联合会。北京市现约有物业企业 3000 家，职工 40 余万人，已建会物业企业 1900 余家。随着《北京市生活垃圾管理条例》和《北京市物业管理条例》的颁布，物业企业作为落实北京两个“关键小事”、聚焦基层治理、推进城市高质量发展的生力军，在社会治理中的作用日益突出。在北京市住建委的支持下，成立了以国有物业企业工会为主的

工会联合会，逐步推动吸引非公性质的物业企业成立工会并加入联合会，将职工组织起来。在此基础上，通过提供服务和开展劳动技能竞赛，提高行业职工的能力和素养。

创新体制机制　提高职工素质
为高质量发展提供人才支撑

首钢集团有限公司

首钢集团有限公司（以下称为“首钢集团”）按照北京市推进产业工人队伍建设改革试点工作要求，认真贯彻落实《新时期产业工人队伍建设改革方案》，在思想引领、技能提升、基层创新、服务保障等方面进行了系列探索实践。

一、突出政治引领，筑牢思想根基

首钢集团把加强和改进产业工人队伍思想政治建设作为首要政治任务来抓。

（一）加强理想信念教育。以习近平新时代中国特色社会主义思想为指引，认真组织学习党的创新理论，举办工会主席培训班，组织深入宣讲《新时期产业工人队伍建设改革方案》。积极探索思想政治工作新途径，在“首钢挚友”App平台开展“党史知识”“法律知识”等主题竞赛，汇聚坚定不移听党话、跟党走的强大力量。

（二）大力弘扬劳模精神、劳动精神、工匠精神。充分发挥各级各类劳模、工匠的示范引领作用，讲好“劳模故事”“工匠故事”。开展“首钢人的故事”网络宣讲活动，39名优秀产业工人代表在线宣讲，3.5万人参与互动，留言近20万条，点赞超14万人次，传递满满正能量。开展劳模、工匠座谈会、事迹报告会等活动，营造尊重劳动、尊重创造的氛围，让劳动光荣、创造伟大成为职工的共同追求。

（三）完善体制机制，统筹谋划推进。首钢集团陆续出台了适应转型发展战略要求的一系列人才队伍培养和激励机制及其实施方案、配套办法，搭建技能操作人员的职业发展“绿色通道”，打破一线技术工人成长的“天花板”，形成了纵向晋升、横向互通的人才发展平台体系。

二、选培“首钢工匠”，推促产业工人技能提升

以“首钢工匠”培养选树为抓手，大力实施职工素质提升工程。

（一）“首钢工匠”树立崇技尚能风向标。本着使工匠人才在“政治上有荣誉、经济上得实惠、企业里有地位、创新上有平台、发展上受重用”的原则，每两年评选一次“首钢工匠”，一次性奖励10万元，每月享有1万元津贴。明确“首钢工匠”是首钢集团高技能人才的最高技能级别，享有研修学习、国际交流、优先推荐参评申报省市级大工匠和省部级劳动模范、到工会等群团组织中挂职或兼职、纳入党委联系专家人选等“重量级”待遇。

评选突出技能导向，面向全体一线职工，不唯学历、职称，在技能方面设置高门槛、硬条件。先后命名表彰了23名“首钢工匠”，成为人才成长风向标。中央政治局委员、北京市委书记蔡奇到首钢集团调研时肯定了首钢集团的做法，要求把“首钢工匠”评选坚持下去。首钢集团先后涌现出1名中国质量工匠、4名全国机冶建材行业工匠和一批省级大工匠。

（二）搭建“比、学、赶、超”竞技场。坚持为职工成长搭建自下而上的学、练、竞平台，大力开展劳动和技能竞赛。持续搭建国内大型赛事平台，先后承办全国钢铁行业和冶金矿山行业职业技能竞赛，为各领域工匠提供锤炼技艺的舞台。对接国际高水平赛事，选拔职工参加中德职工焊接对抗赛，首钢青工夺得两项冠军。

三、推进群众创新，激发一线产业工人活力

首钢集团高度重视职工创新工作，不断发挥职工群众创新主体作用，推进知识型、技能型、创新型产业工人队伍建设。

（一）积极推进创新工作室建设。首钢集团共有 317 个职工创新工作室，其中国家级 8 个、省部级 33 个。实践过程中，形成了“党委主导、工会运作、部门配合、工匠领衔、全员参与”的运行机制。规范了“有领军人物、有活动场地、有工作制度、有课题计划、有攻关节点、有成果效益”六有创建标准。

同时，建立助推机制，给予每个集团级工作室 4 万元资金支持、每个“首钢工匠”工作室 10 万元资金支持；鼓励职工参加国家级、省市级、行业级成果评选、展示交流活动，推进创新成果转化，创新工作室成为孕育创新成果、培育产业工人成长的摇篮。

（二）搭建全员创新实践舞台。首钢集团工会注重将创新向基层延伸、向一线延伸，鼓励职工参与到重点工程、重点项目中来，营造“人人可参与，处处有创新”的氛围。集成群众性创新优势，组建以国家技能大师王文华、刘宏为领军人的专家服务组，助力冬奥滑雪大跳台精品工程建设。日常开展职工好建议、最佳操作法等群众性创新活动，推进工人队伍由“操作型”向“智慧型”转变，不断提高工人队伍的素质。近两年，首钢集团获评全国技术能手 14 名，操作岗位高级工及以上占比达到 43%。

四、创新“互联网 +”，提升服务产业职工能力

首钢集团工会响应运用互联网促进产业工人队伍建设要求，自主开发建设了“首钢挚友”App，提升服务水平。“首钢挚友”网上服务平台集文化、资讯、服务、福利、活动等功能为一体，实现了服务职工零距离、全方位、普惠化，打通服务职工“最后一公里”。

同时，打破首钢集团“一业多地”距离、空间限制，开展“云健步”“云赛场”“云服务”活动，让几十个单位、几万名职工参与同一主题、同一时段的活动成为现实，实现零距离、无差别、普惠精准工会服务。截至 2020 年底，共组织活动 239 项，参与职工 17.7 万人次，好评率 99% 以上，形成了首钢集团工会的服务品牌。

深入推进“蓝海计划”打造产业工人队伍建设改革滨海模式

天津市滨海新区产业工人队伍建设改革领导小组

天津市滨海新区作为天津“一基地三中心”的核心区，拥有信息技术、高端装备制造、生物医药、新能源汽车、新材料、新能源、节能环保、战略性新兴产业8大产业集群和8个国家新型工业化产业示范基地，世界500强企业在新区投资了327个项目。目前，全区从业人员143.2万人，其中产业工人108万人。

作为天津市产业工人队伍建设改革第一批试点单位，滨海新区深入贯彻落实中央、市委产业工人队伍建设改革决策部署，按照“政治上保证、制度上落实、素质上提高、权益上维护”的总体思路，主动作为，积极探索，制定出台了《滨海新区产业工人队伍建设改革实施方案》，启动实施“蓝海计划”十大重点工程，打造具有滨海特色的产业工人队伍建设改革新路径。

一、党建领航，全面强化产业工人思想政治建设

坚持党建引领，共同缔造美丽滨城。天津市滨海新区把产业工人的思想政治建设摆在重要位置，实施党建领航工程、文化精品工程。

健全保障产业工人主人翁地位的制度安排。加大在产业工人队伍中发展党员的力度，实行发展计划单列，研究制定在产业工人中发展党员的长期规划和年度计划，逐年提高产业工人党员比例，提高产业工人在人大代表、政协委员中的比例。

提高思想政治建设精准性。召开“向总书记汇报”劳模工匠座谈会、

职工思想政治工作研讨会，举办劳模工匠大师风采展。紧扣双战双赢、创建全国文明城区、“滨城大筛”全员核酸检测等中心工作，及时发出倡议书、公开信，开展六大攻坚行动，筹办“集民智、汇民意、凝民心”建议征集活动，举办职工文艺会演等活动，唱响“中国梦·劳动美”主旋律。

加强引导，组织宣讲。出台《滨海新区产业工人思想政治工作实施意见》。搭建舆论监测平台，紧盯劳动关系新动向，牢牢把握劳动领域意识形态斗争主动权。组建“滨海新区基层理论宣讲团”，深入企业开展理论宣讲，开展“万名书记讲党课”“千名宣讲员走基层、讲时政、说滨海”“牢记嘱托　做新时代追梦人”等主题活动。

二、搭建平台，全面提升产业工人素质能力技能

以“金锤杯”劳动和技能大赛工程为载体，瞄准新区产业升级，以服务战略性新兴产业和现代服务业为重点，深化“中国梦·劳动美”主题建功立业活动，构建了“培训—比武—大赛—晋级”四位一体的产业工人逐级递进、梯次成长模式。围绕引育新动能，先后举办了无人机飞行应用等15场新型示范引领性区级技能大赛，为职工成长赋智、为企业创新赋值、为经济发展赋能。

深化滨海技能大师“灯塔”工程，发挥好劳模工匠人才示范引领作用。实施滨海人才“鲲鹏计划”，评选“海河工匠”“滨海工匠”，创新激励人才措施。截至2021年6月，滨海新区持证技能型劳动者达到65万人，其中高技能人才15.8万人（高级工以上），“大国工匠”1人，“海河工匠”11人，评选“滨海工匠”28人。制定出台劳模工匠创新工作室管理办法。

以职业教育和职业培训综合提升工程为依托，针对新区产业紧缺人才和产业工人培养、培训任务，合力攻坚推进职业院校办学改革，实施校企合作计划。制定《滨海新区职业教育发展规划》，建设7个紧缺人才实训基地，成立滨海职教集团，开展各类培训。遴选中德应用技术大学等职业院

校与新区重点产业企业建立全面深入的校企合作关系，实施新型校企学徒制项目和“师带徒”计划。

三、实施关爱，全面维护产业工人合法权益

坚持普惠服务与精准帮扶相衔接，大力实施权益保障综合平台建设工程、产业工人身心关爱工程、产业工人“服务云”智慧平台建设工程和“滨海职工馨家园”综合服务平台建设工程，织密织细政策。

设立大病救助专项资金，仅 2020 年就投入 1034.9 万元，救助 514 名职工。深化职工重病关爱，投入 152.8 万元关爱 1628 名患重病的在职职工。帮助 106 名建档困难职工解困。拨付 3200 万元专项资金，对医务人员等一线职工进行关爱慰问。

推进“网格化、全覆盖”职工法律服务，在三个开发区设立法律服务站，深入开展“尊法守法・携手筑梦”服务农民工公益法律服务行动。建立劳动关系预警研判联席会议制度，扎实开展职工队伍稳定风险排查化解。在非公企业、外资企业聚集的开发区，推广以“倾听、沟通、改善”为主要内容的“三个一”工作法。

持续深化拓展错峰服务内涵。发挥各级职工服务中心的阵地作用，职工下班工会上班，职工点菜工会买单，为职工提供各种培训。成立滨海新区职工服务中心，推进工会服务窗口化、便利化。实施项目化管理，加大对基层职工服务阵地补贴力度。开展“送文体活动、送教育培训、送文艺演出、送品牌扶持，补工作短板，服务职工下基层”的活动。

四、组织保障，合力构建产业工人队伍建设改革新格局

充分发挥产业工人队伍建设改革领导小组作用，坚持党委领导，每年组织召开年度例会，总结经验，部署工作，推动改革工作深入发展。深化协同配合，43 个成员单位互相配合，牵头单位发挥牵头抓总作用，合力推

进产业工人队伍建设改革的格局已经形成。强化督促落实，将产业工人队伍建设改革纳入区委“三考合一”范畴，与区委改革办协同联动，抓好各成员单位工作进度的督导。

推进产业工人队伍建设改革
助力河北港口集团高质量发展

河北港口集团

河北港口集团是集港口建设、开发，国有资产运营、管理以及投融资功能于一体的综合性企业集团，是河北省首家布局 A+H 股双资本平台的国有企业。集团紧紧抓住省级产业工人队伍建设改革试点契机，着力提升港口产业工人队伍的整体素质，维护港口产业工人的合法权益，发挥港口产业工人的主力军作用。

一、打造“三个基地”，激发产业工人内驱动能和创新活力

（一）构建思想教育高地。坚持以党建工作引领职工思想政治教育，将习近平新时代中国特色社会主义思想作为思想政治教育的中心内容，教育引导职工听党话、跟党走。创新开展“理论通读”，组织职工读原著、学原文、悟原理。开设“大学习课堂”“学习之声”“学习风采”新媒体专栏，诵读习近平总书记的重要讲话，夯实高举旗帜、听党指挥、忠诚使命的思想根基。

（二）打造工匠培育营地。完善先进评选工作机制，评选“港口标兵”“港口工匠”“最美工人”，让产业工人获得应有的尊重和体面。依托劳模、标兵先进打造技术创新导师队伍，建立“一对一”“多对多”导师带徒体系，组织集团“导师带徒”活动，技能人才队伍建设的针对性、传承性和有效性得到进一步增强。集团先后涌现出全国劳动模范 1 名、省级劳动模范 12 名、市级劳动模范 23 名。

（三）打造精神弘扬阵地。大力弘扬劳模精神、劳动精神和工匠精神，

弘扬主旋律，形成新导向。拍摄先进人物宣传片，实施关爱劳模行动，组织劳模宣讲团，持续不断地为产业工人发声，增强广大职工为实现集团宏伟目标共同奋斗的责任担当，努力造就一支“听党话、跟党走”的港口产业工人队伍。

二、构建“三个平台”，彰显新时代港口工人主力军作用

（一）构建职业培训平台。积极落实培养产业工人的主体责任，强化企业内部培训师队伍建设，举办“大港工匠研修班”“劳模学堂”等培训班，实现五大港口主体工种培训全覆盖。与燕山大学、秦皇岛技师学院等签署战略合作协议，将企业内外培训平台深度融合，相互补充。2020 年，克服新冠肺炎疫情影响，探索开发线上培训课程，将产业工人安全培训、技能培训以录播课的形式投放培训平台，实现了产业工人技术技能知识学习随时化、常态化。

（二）构建技能竞赛平台。围绕重点项目、新旧动能转换等开展“一十百千”劳动竞赛。健全“培训、练兵、比武、晋级、激励”一体化技能竞赛机制。积极打造集团技能大赛升级版，形成环渤海跨港联动的技术比赛新机制，不断扩大影响力。对“大赛状元”除给予 5000 元奖励之外，直接颁发其高级职业资格证书或允许其破格申报工人技师。这极大地提升了职工学技术、比技能、练本领的积极性，有效提升了产业工人队伍的技能水平和整体素质。

（三）构建岗位创新平台。集团高度重视技术引路、创新驱动。建立“一室（创新工作室）、一站（技能提升工作站）、一网（职工网校）”的创新工作体系，形成“选题、立项、攻关、评审、转化”的创新机制。制定集团《科学技术奖励办法》，设立创新工作室专项资金，加大先进创新工作室、优秀创新成果奖励力度。近 4 年来，研发创新成果近 1500 项，为企业

创造经济效益 2.1 亿元。

三、完善“四个体系”，全面打通技能人才职业发展通道

（一）完善职位管理体系。全面推行员工职位体系管理，建立“纵向可升降、横向可转换”的有序贯通的产业工人职位晋升体系，形成了人才培养、使用、评价和激励的管理闭环。科学设定职位任职资格标准，将港口产业工人岗位分为技术工种和普通工种两大序列，结合企业发展需要和岗位价值度，将每类工种又分为不同的职类，分别设置了首席技师、高级技师、技师、高级工、中级工、初级工、辅助工等职位，横向两大序列、九大职类，纵向 18 级分别对应不同的职级薪酬。产业工人可结合自我的职业规划和企业生产需要，系统规划职业发展。

（二）完善职工激励体系。2020 年，集团全面实施了薪酬制度改革，建立了以岗位工资为主的基本工资制度。根据该制度，薪酬不仅体现基本保障作用，而且依据岗位设置和职位体系设定生产操作序列的 18 个等级，做到一岗一薪、易岗易薪。港口主体工种首席技师的薪酬与所属单位中层正职职位的薪酬相当。薪酬待遇实现了向一线技术工人倾斜，实现了“干多干少不一样，干好干坏不一样”，形成了“多劳者多得、技高者多得”的良性激励机制。

（三）完善技能认定体系。发挥职业技能等级认定在人才评价中的“指挥棒”作用。作为首批职业技能等级认定试点单位，集团建立了港口主体工种职业技能等级认定标准。该标准坚持职业能力考核和职业素养评价相结合，加大对产业工人创新能力、现场解决问题能力和业绩贡献的评价比重，帮助产业工人通过技能等级晋升，实现职位晋级、薪酬增加。

（四）完善权益保障体系。集团坚持以职代会为基础的民主管理制度，制定《职代会实施细则》，坚持平等协商集体合同制度，坚持企务公开，从

源头上保障职工的经济利益和合法权益。建立职工基本养老保险、补充医疗保险、企业年金、职工团体人身福利商业保险等多类保险，设立职工互助基金会、工残基金、特困职工帮扶基金，为全体会员投保秦皇岛市职工大病医疗互助保险，构建多维立体、互为补充、协同促进的大保障格局。

以党建引领方向
全力打造听党话、跟党走的产业工人队伍

河北瑞兆激光再制造技术股份有限公司

河北瑞兆激光再制造技术股份有限公司（以下称为“瑞兆公司”）成立于2006年，是一家集机电再制造技术研发和服务于一体的新三板上市高新技术企业，现有职工380人。

瑞兆公司始终坚持以党建引领方向，全力打造一支听党话、跟党走的高新技术产业工人队伍，为全市和全省产业工人队伍建设改革探索“瑞兆样本”。

一、党建立企，传承红色基因

没有党的好政策，就没有如今的瑞兆公司。瑞兆公司作为一家民营企业，是在党的方针政策指引下发展壮大起来的。多年来，瑞兆人始终铭记党的恩情，坚持党建立企、党建兴企，始终沿着党指引的方向奋勇前进。

公司自建厂就成立了党支部，聘请具有多年党建经验的国企退休党务工作者担任公司党支部书记，按照有阵地、有内容、有制度、有形式、有活动的“五有”工作思路，扎实稳步推进党建工作。依托公司党支部，建立了职工思想政治学院和文化学院，将习近平新时代中国特色社会主义思想作为职工思想政治教育的重要内容；在厂区设立党建文化墙、英模精神宣传长廊，弘扬社会主义核心价值观；在车间设立党员示范岗和责任区，发挥党员旗帜引领作用；把“忠诚于党、忠诚于人民”的忠诚教育纳入厂训内容，公司重大活动或重要会议之前重温入党誓词、齐诵厂训、齐唱厂歌；组织开展“党员一带三、结对子”“瑞兆激光党旗红”“绿色升级我先

行”等特色活动，教育引导职工切实增强“四个意识”、坚定“四个自信”、做到“两个维护”。公司党员由建厂之初的4名，发展到82名。

2020年，新冠肺炎疫情严重期间，公司116名职工组成9个突击队，逆行奔赴12个省市为35家企业提供机电设备抢修服务，为我国打好疫情防控的人民战争、总体战、阻击战贡献了智慧和力量，展现了产业工人的职责担当和良好形象。

二、党建聚人，打造工作品牌

近年来，瑞兆公司备受所在省市领导关心关爱，多位省市领导亲临瑞兆公司指导工作，对瑞兆公司未来的发展寄予厚望。企业全体人员备受鼓舞，同时深感责任重大。实践充分证明，瑞兆公司发展的根基在党建，发展的源泉在职工——过去是，现在是，未来依然是。工作中，公司始终把党建引领放在首位，全方位、多渠道培育一支听党话、跟党走的产业工人队伍。

（一）红色教育引领人。聘请86名北京延安儿女联谊会成员来公司进行“弘扬延安精神，做新时代奋斗者”主题宣讲，组织党员和入党积极分子到李大钊纪念馆重温入党誓词；组织职工赴北京、嘉兴南湖、乌镇、杭州开展“传承红色基因，助力绿色发展”主题实践活动；赴西柏坡、承德塞罕坝开展“不忘初心、缅怀先烈”“爱国敬业，艰苦奋斗”等爱国主义和理想信念教育，推动职工筑牢信仰之基、补足精神之钙。

（二）企业文化吸引人。创建了“356”文化体系。“3”指三大文化标识：“再造资源，成就节约”“中国梦 · 瑞兆情”“瑞兆激光 有你真好”；“5”指五大文化品牌：厂训、厂歌、机电再制造专家、瑞兆101服务、“我们的传统节日”系列活动；“6”指六大文化认同：坚定信仰、不忘初心；科技创新、绿色发展；捍卫忠诚、再敬军礼；诚实做人、踏实做事；知错聪明、改错智慧；饮水思源、知恩图报。“356”文化体系引领下的瑞兆产业工人更具凝聚力、更具创造力。

（三）“四个面向”培养人。即面向职工培养工匠人才，面向工匠人才培养党员，面向党员培养干部，面向党员干部培养高管。这为全体职工铺就了一条职业技能提升、政治地位提高的绿色通道。目前，66 名职工成为“双工人才”（工程师和工匠），36 名技术工人光荣加入中国共产党，82 名党员中的 25 人走上班组长、车间主任、高管领导岗位。他们在企业发展中起到了中流砥柱的作用。

（四）职工之家凝聚人。公司为职工缴纳五险二金，实行“5 级 16 档”职级工资制，每年晋档升级，目前人均工资达到 5600 元；支持职工参加技能培训，报销职工参加技能培训和职业资格考试的正常费用；鼓励职工参军入伍，实行带薪服役、退役安置，军龄计入工龄；设立“瑞兆爱心基金”，帮扶困难职工，增强了职工的归属感、认同感和幸福感。公司被评为全国模范职工之家、全国劳动关系和谐企业。

三、党建赋能，凝聚发展力量

瑞兆公司一路披荆斩棘实现跨越发展，最大的政治优势就在于党支部的战斗堡垒作用发挥得好、党员先锋模范作用发挥得好。

公司建立了 2 个市级以上劳模和工匠人才创新工作室、1 个市级技能大师工作室，取得了 68 项科研成果。其中，39 项取得国家专利，为企业创造综合经济效益 5500 多万元。

公司成立党员科技攻关突击队，取得省科技成果进步奖 1 项，制定国家标准 4 项。开发出国际、国内高端机电设备再制造产品 7 大类 130 多个品种，再制造零部件万余种。

公司积极打造党员示范团队。产业工人韩金虎从农民工成长为优秀党员、突击队长、河北省劳动模范、全国劳动模范；党员王超创建技能大师工作室，荣获河北省五一劳动奖章；技术工人高飞被评为唐山市劳动模范；退役军人韩佳杰被评为“全国向上向善好青年”。

一直以来，党员示范团队是高高飘扬的旗帜，指引着瑞兆产业工人前进的方向。

提高政治站位　强化组织领导 构建推进产业工人队伍建设改革工作格局

山西省晋城市产业工人队伍建设改革协调小组

近年来，山西省晋城市坚决贯彻习近平总书记关于新时期产业工人队伍建设改革的重要指示精神，紧紧围绕《新时期产业工人队伍建设改革方案》，结合晋城实际，提出了“政治引领、制度先行、统筹推进、注重实效”四句话的工作要求，全力推进全市产业工人队伍建设改革工作。

一、坚持政治引领，为产业工人队伍建设改革工作定向引航

（一）强化组织领导。晋城市委把产业工人队伍建设改革纳入地方经济社会发展规划，将其作为实施科教、人才、创新战略的重要支撑和基础保障，统筹策划、统一部署。成立以市委副书记为组长的协调小组，责成市总工会全权负责此项工作的组织协调、布局谋划、检查督导，形成了市委统一领导、工会牵头抓总、各方协同发力的良好工作格局。

（二）强化党群共建。在晋城市企业大力开展“党建强，工建才有持续力；工建强，党建才有说服力”的“双强双力”活动，确保党建、工建互融互促。坚决把加强和改进思想政治建设放在突出位置，教育引导产业工人自觉用习近平新时代中国特色社会主义思想武装头脑，团结引领产业工人坚定不移听党话、跟党走。

（三）强化责任导向。把责任导向贯穿产业工人队伍建设改革全过程，要求逢会必问落实情况，逢讲必提工作要求，重点工作任务“一把手”必须亲自上手。对工作做得好的进行表扬，对工作明显滞后的进行批评，并明确提出整改意见。

二、坚持制度先行，为产业工人队伍建设改革工作保驾护航

（一）完善制度保障。晋城市委针对《新时期产业工人队伍建设改革方案》出台了专门文件明确责任分工，印发了《关于切实提高技术工人待遇，助推实体经济发展的实施意见》《关于激励高层次人才助力高质量转型发展的若干意见》等相关配套性文件。建立了工作汇报、监督检查和信息反馈等制度，市委常委会每年听取 1 次工作汇报，研究解决重大问题；协调小组每年召开 1 次工作推进会，研究解决重点、难点问题；协调小组办公室每年进行 1 次工作调研，每半年进行 1 次督促检查，对照成员单位责任清单，盘点工作进度，进行信息反馈，为市委决策提供依据。

（二）营造社会氛围。晋城市突出产业工人思想政治引领，多途径、多形式开展劳模宣讲、巡回报告、专题讲座活动，在媒体开设“劳模（工匠）风采”专栏，宣传劳模（工匠）先进事迹，扩大劳模（工匠）的影响力和感召力。出台《“晋城工匠”评选表彰暂行办法》，举办“晋城工匠”评选活动。目前晋城市已推荐评选出“三晋工匠”1 名、提名人物 3 名。评选出“晋城工匠”10 名、提名人物 10 名，并连续多年举办“五一”颁奖晚会，不断增强劳模和工匠的荣誉感。持续开展“网聚职工正能量，争做中国好网民”“定家规立家训”“女职工素质提升大讲堂”、有奖征文、演讲比赛、曲艺创作、朗读比赛等活动，不断加强职工理想信念教育和“三种精神”教育。

（三）彰显政治地位。健全保障产业工人主人翁地位的制度安排，明确要求在换届选举时增加产业工人在党代表、人大代表、政协委员和群团组织代表大会代表中的比例。在劳模和五一劳动奖章评选中，加大产业工人的比例。现已有 7 名优秀产业工人成为市、县总工会的兼（挂）职副主席。

三、坚持统筹推进，为产业工人队伍建设改革工作聚力助航

（一）始终把提升产业工人技能素质作为着力点。晋城市开展创建“人

人持证、技能社会”行动，采取“一企联一校、一校结多企”的新模式，大规模实施产业工人技能提升工程，培训产业工人超10万人。

（二）始终把引领产业工人创新、创造作为关键点。晋城市全面推进创新工作室建设，制定出台了《劳模和工匠人才创新工作室创建和管理办法》，已建成国家级、省级、市级劳模和工匠创新工作室74个，建成职工职业技能培训基地5个。出台《劳动和职工职业技能竞赛管理办法》，规定职工职业技能竞赛三年一届、一届三年，每年竞赛工种不少于20个。2021年8月，由晋城市人社局牵头组队参加第四届“中国创翼”创业创新山西选拔赛暨2020年山西省星火项目创业大赛，晋城市共荣获18个大奖，占山西省奖项的37.5%，位居山西省第一。仅晋城市总工会每年用于职工职业技能竞赛的补助资金就达百万元。职工“五小六化”竞赛工作由2017年山西省的下游水平提升到现在的第一方阵。

（三）始终把建设产业工人服务阵地作为落脚点。晋城市制定出台《城市困难职工解困脱困意见》《关于开展劳动争议调裁审衔接工作，完善多元化解机制的实施意见》《职工法律维权工作站管理办法》《职工书屋创建和管理办法》《职工心理健康咨询基地创建和管理办法》《户外职工爱心驿站管理办法》《爱心妈咪小屋创建和管理办法》《职工应急救助办法》等18个为产业工人维权服务的制度。

晋城市建立“晋城职工法律维权”微信平台，实现了职工劳动争议免费维权。2018年以来，晋城已建起工会“党的创新理论”市级宣讲站点24个、省级以上职工书屋示范点31个、市级职工书屋30个、市县两级职工法律维权工作站14个、市级以上职工心理健康咨询基地22个、户外职工爱心驿站228个、爱心妈咪小屋84个，开通职工心理健康服务热线11条，努力做到全方位为产业工人维权服务。

坚持党的领导　把握正确方向
打造高素质产业工人队伍

中国重汽集团大同齿轮有限公司

中国重汽集团大同齿轮有限公司是一家以商用汽车变速箱、发动机齿轮等为主导产品的国有企业。企业认真贯彻落实习近平总书记关于国有企业党建工作重要讲话精神和《新时期产业工人队伍建设改革方案》，将加强国有企业党建工作和新时期产业工人队伍建设改革统筹谋划，高位推进，加强领导，优化措施，打造了一支有理想守信念、懂技术会创新、敢担当讲奉献的产业工人队伍。

一、坚定政治方向，凝聚产业工人力量

加强党组织对产业工人队伍建设改革的领导，成立了专门机构，制定了党委牵头、工会主抓、部门配合的工作机制，开展“三强化、三提高、三坚持”行动，聚合力，下真功，见实效。

（一）强化党建工作，提高政治站位，坚持不懈抓落实。逐步加大在产业工人中发展党员的力度，把技术能手、青年专家、优秀工人等在企业中有影响力的人，吸收到党组织中来。2018 年至 2020 年，三年内发展党员 19 人，其中工人党员比例占到了 63%。严格落实“三会一课”党组织生活制度，坚持集中教育和个人自学相结合的方式，强化党员日常教育管理模式，不断增强产业工人的先进性。

（二）强化思想引领，提高教育水平，坚决听党话、跟党走。组织开展“争当劳模”竞赛活动，从政治思想、爱岗敬业等方面制定考核评价制度，形成劳模精神、劳动精神和工匠精神“比比看”的氛围。多年来，公司涌

现出 13 名国家级、省级、市级劳动模范，多个生产一线团队荣获全国和山西省“工人先锋号”等荣誉称号。

（三）强化政策导向，坚持落实职代会制度，提高主人翁地位。出台提高工人收入水平的政策，向劳模和知识型、创新型、技能型人才给予适当倾斜，实行差异化薪酬，为创新工作室带头人等实施年薪制。2020 年，公司修订发布了《职工代表大会管理办法》《职工（劳模）创新、技能大师工作室管理办法》《员工合理化建议管理办法》等，极大地激发了产业工人的主人翁意识，促使产生了一大批蓝领精英。

二、建设技能形成体系，提升产业工人综合素质

把提升产业工人技术、技能水平作为深化产业工人队伍建设改革的重点来抓，推出“五大举措”，做实功，求实效，取得了明显效果。

措施之一：坐下来培训，更新知识提技能。围绕知识与技能创新，制订长远培训计划和实施步骤，强化质量体系文件、设备管理、生产管理、质量管理、五本工具书的学习和实练，开展现场工作站技能提升等系列培训。2019 年，完成一级培训 106 项、现场工作站培训 2568 项。

措施之二：走出去深造，校企合作强素质。与吉林大学合办工程硕士研究生班，选派 43 名工程技术人员进行了深造；与大同大学建立合作关系，为职工提供实践学习平台，提高其理论水平；与山西机电职业技术学院合作，推行“工学交替”用工模式。

措施之三：岗位上练兵，“一专多能”显身手。2019 年，开展了装配钳工、数控车工、加工中心操作 3 个工种“大齿公司职工技能大赛”，一线职工参与率达到了 30%。通过技能比赛，每年都有一批技术能手脱颖而出。郝小虎获得“三晋技术能手”称号。公司切削加工智能团队获得了全国智能制造应用技术大赛优胜奖。

措施之四：自愿结对子，以师带徒练队伍。通过培训，传授知识，拉

练队伍，做到平时苦练本领，关键时技术帮扶。仅2020年，就开展培训2910课时，参训1240人次，带出了8名高级工程师、25名高级技师、3名工程师。

措施之五：倡导终生学习，“职工学历提升”重成效。通过持续4期学历提升活动，有182名职工取得了大专及大学学历。

三、拓展成长成才通道，健全产业工人发展制度

从调动工人积极性、推动高质量发展出发，不断为技能人才建成才通道，搭上升平台，让更多产业工人实现职业发展与企业发展相结合。

（一）培养“三型”人才，推进技术创新。公司创建多个劳模和工匠人才创新工作室，培养“三型”人才近100名，并给予他们资金、技术等方面的大力支持。公司先后申请专利29项，申报省级创新成果22项，其中获优秀成果奖10项以及一、二等奖5项。

企业全面开展“五小六化”（五小：小发明、小创造、小革新、小设计、小建议；六化：竞赛群众化、管理智能化、内涵科技化、人才高端化、成果产业化、服务多元化）竞赛活动，充分发挥职工创新工作室生产一线问题收集站、攻坚克难站、职工培训站等作用，产生了多项“五小”成果。其中，9个成果获得省“五小六化”竞赛奖，12个成果项获得市“五小六化”竞赛奖。

（二）完善阶梯式培养机制，拓宽工人发展通道。公司设置工程技术岗位、管理岗位、高技能操作岗位3个系列晋升通道，并对应岗位，设置了多档多级晋升通道。鼓励员工学政治理论，学专业技术，学管理知识，凭本事不断升级。中级以上专业技术人才占技术管理人员总数的65%，高技能人才占工人总数的52%。

（三）围绕企业文化建设，为职工发展助力。建成总面积4000多平方米的职工文化活动基地，各种体育赛事、文化娱乐定期举办，员工文化生

活丰富多彩；拥有1个藏书2万余册的国家级职工书屋、4个基层职工书屋；开设职工大讲堂，由劳模和优秀员工讲述“我奋斗·我幸福”的成长故事，“劳动光荣、技能宝贵、创造伟大”的风尚深入人心。

大力弘扬工匠精神
打造“包头工匠”品牌

内蒙古自治区包头市产业工人队伍建设改革协调领导小组

近年来，包头市深入推进产业工人队伍建设改革，以弘扬工匠精神为抓手，健全完善工匠评选表彰、宣传服务、作用发挥为一体的工作机制，搭建工匠网上管理、宣传引领、作用发挥三大平台，全力培养工匠型人才，涌现出“独臂焊侠”卢仁峰、“镗工大王”戎鹏强等一大批大国工匠、北疆工匠、包头工匠，带动全市各族职工学知识、练技能、争创新，取得显著成效。

一、健全机制、搭建平台，大力弘扬工匠精神

（一）建立劳模工匠联合评选机制，搭建劳模工匠网上管理平台。成立由包头市总工会牵头，市委组织部、宣传部、市经信委、市人社局共同组成的包头市工匠评选管理委员会，在内蒙古自治区领先开展工匠评选活动。创新提出以技术水平作为工匠评选的主要条件、从市级以上技能比赛第一名和技术能手中推荐工匠的评选标准。2017—2020年，连续4年命名表彰包头工匠共125名，并从中推荐产生2位大国工匠和8位内蒙古自治区北疆工匠。

建立工匠评选职工网上参与机制，将工匠评选全过程在网上公开，通过互联网手段让更多职工参与到评选中。2020年，有30万次以上职工参与包头工匠网上投票，包头工匠的社会关注度、评选透明度、奖项影响力进一步提高。

（二）健全劳模工匠融合宣传机制，搭建劳模工匠宣传引领平台。包头

市总工会集全市工会组织之力，打造劳动公园、高新区劳模公园、白云区劳动大道、中核北方集团公司劳动大道、公交一路线劳模车厢等一批劳模工匠精神宣传阵地，生动形象地展示各级劳模工匠事迹，形成了在西部乃至全国极具影响力的劳模工匠宣传阵地。主动协调市委组织部门、宣传部门、新闻媒体，制作《包头工匠》系列专题片，出版《包头工匠》图书，采取线上线下深度融合的方式对工匠精神进行宣传。

（三）健全劳模工匠作用发挥机制，搭建劳模工匠作用发挥平台。连续4年推进工匠进园区活动，按照“一园区一品牌”的要求，各级工匠深入工业园区开展政策宣讲、事迹报告、志愿服务、技能传授、结对带徒等活动74次，搭建起劳模工匠引领社会风尚、接受群众监督、发挥技能特长的重要平台。同时，建立工匠作用发挥考评机制，由各级工会对工匠发挥作用情况进行考核，作为今后推荐更高级别劳模、工匠的主要参考指标。

二、夯实基础、整体推进，不断践行工匠精神

（一）筑牢工匠精神基础，促进职工队伍整体素质提升。把劳动和技能竞赛作为培育工匠精神的重要抓手，组织包头市职工全员参与劳动和技能竞赛，广泛开展岗位练兵、班组建设、技术培训、技术交流、“五小活动”等适合全员参与的职工劳动和技能竞赛工作。加大职工职业技能比赛力度，建立起以企业竞赛为基础、县级竞赛为骨干、全市竞赛为引领的三位一体技能竞赛格局。2020年，包头市劳动和技能竞赛覆盖面达到85%以上，举办18个工种的包头市级比赛项目，承办自治区技能竞赛7个工种的比赛项目。通过劳动和技能竞赛平台，帮助3100名职工全面提升职业技术水平，培养出更多“技术能手”和“包头工匠”。

（二）拓宽工匠推荐范围，促进重点领域职工技能水平提升。2020年，专门在稀土新材料研发应用、新能源装备、生物科技等高新技术特色产业及自治区、包头市重点项目企业“专、精、特、新”工种中开展包头工匠

推荐。命名新兴产业领域包头工匠 7 名，占评选总数 28%；命名民营企业包头工匠 9 人，占评选总数的 36%。

（三）加强工匠创新工作室建设，增强企业自主创新能力。以“劳模工匠（职工）创新工作室”为抓手，鼓励各级工匠按照“八有”标准创建创新工作室，围绕实施创新驱动发展战略，不断增强创新意识和创新能力。对于验收合格的工作室，市总工会给予 2 万元资金支持。截至 2021 年 6 月，包头市创建全国示范性劳模和工匠人才创新工作室 3 个、自治区级职工创新工作室 29 个、包头市劳模工匠（职工）创新工作室 120 个，开展攻关项目 2442 项，取得创新成果 2747 项，获得发明专利 221 项，拥有实用新型专利 469 项，节约创造经济价值 7.4 亿余元。2020 年推荐 47 项创新成果参加自治区评选，获得一等奖 1 名、二等奖 2 名、三等奖 2 名、优秀奖 2 名。

三、加强保障、创新举措，擦亮“包头工匠”品牌

（一）做好工匠待遇落实，不断增强工匠荣誉感。积极争取、及时落实工匠各项待遇，激励包头工匠发挥首创精神，带动职工创新创造。在包头市委的支持下，命名的“包头工匠”由市财政给予 1 万元一次性奖励，每月增加 60 元荣誉津贴，享受包头市劳动模范待遇。首批“包头工匠”同时授予“鹿城英才”称号，在创业补贴、子女上学、住房保障、医疗服务等方面享有更多扶持政策。

（二）做好工匠精神传承，定期组织工匠进校园。2017 年，“大国工匠进校园”内蒙古自治区启动仪式在包头市成功举办。3 年来，包头市组织 20 多名大国工匠、北疆工匠、包头工匠深入该市职业院校开展工匠进校园活动。活动中，工匠们以亲身经历，教育职教院校学生安心学习、提升技术、争当工匠、服务社会，让“工匠精神”更加生动形象地走进校园。

（三）打造包头工匠学院，帮助工匠提升能力素质。2019 年 5 月，包头

市总工会联合包头职业技术学院，成立内蒙古自治区乃至西部地区第一家工匠学院。学院聘请 14 位大国工匠、北疆工匠、包头工匠为包头工匠学院客座教授，举办“工匠素质再提升”培训班 5 期，帮助 405 人次包头工匠继续提升知识水平和技能水平。

合力构建产业工人队伍建设改革新格局 推动建设知识型、技能型、创新型劳动者大军

包钢（集团）公司

包钢（集团）公司以习近平新时代中国特色社会主义思想为指导，贯彻落实中央、内蒙古自治区、包头市关于新时期产业工人队伍建设改革相关精神，结合自身实际，2018年制定下发了《新时期包钢（集团）公司产业工人队伍建设改革实施方案》，成立了以公司党委书记、董事长为主任，公司总经理、党委副书记为副主任，公司总经理助理及以上领导、职能管理部门负责人及板块分管领导为成员的推进委员会，形成了工会牵头、各职能部门合力推进产业工人队伍改革的工作格局。

一、培育匠人，着力培养担当包钢高质量发展大任的新时代产业工人队伍

大力弘扬劳模精神、劳动精神、工匠精神，在继续加强各级劳模推荐、选树、管理、服务的同时，创新制定《包钢工匠选树管理办法》，不受学历、身份、职业技能等级、职称等条件限制，不拘一格选拔长期在一线生产、技术、操作等岗位，具有绝技绝活儿、技艺精湛、技能高超的工匠人才。

2020年，包钢（集团）公司选树首届包钢工匠20名，此后每两年选树一批。包钢工匠每人享受3万元的奖励（执行年薪制的除外），并享受政治地位提升、用工形式转换、获得荣誉津贴、创效提成、培训考察等待遇。通过多种媒体、多种形式广泛宣传推广包钢工匠先进事迹，让劳动光荣、

技能宝贵、创造伟大成为产业工人的自觉价值追求。

以保持工人阶级本色为根本，2020年开展首届“包钢好工人”选树工作。从“忠诚奉献、技能精湛、担当作为、艰苦奋斗、创新创效、节能降耗、带徒传技、奋勇争先”8个方面，选树平凡岗位上充分体现新时代包钢工人阶级“特别讲政治，特别守纪律，特别能吃苦，特别能创造，特别敢担当，特别能战斗，特别有作为”优秀品质的典型代表236名。此后，每年选树一批，切实激发广大职工的命运共同体意识和干事创业热情。

二、畅通渠道，保障产业工人知情权、参与权、表达权和监督权

落实《新时期包钢（集团）公司产业工人队伍建设改革实施方案》中“群团组织代表大会代表中基层和一线产业工人比例提高到70%以上”的要求。在包钢（集团）公司五届一次职工、会员代表大会上，选举产生基层职工代表437名，占正式代表总数的70.26%；2名基层一线职工邢岗、孙承碧进入工会常委会，孙承碧当选公司工会兼职副主席，有效畅通了产业工人参与企业发展、建言献策的渠道。

三、优化机制，加快构建产业工人发展提升体系

（一）立足职业能力提升，加大技能人才培养力度。以职业技能认定为抓手，严格初级工、中级工、高级工等职业技能认定工作，重点做好前期理论与实操培训，通过“日常考核＋年度考核＋换届考核”的方式提升技能人才的综合素质。加快技术工人第二工种（多能工）的培训认定步伐，将第二工种津贴由100元/月提高到400元/月，实行动态管理，充分体现多劳多得、少劳少得、不劳不得。

持续优化职业技能竞赛办赛机制，积极承办上级职业技能竞赛。2012年以来，包钢（集团）公司相继承办25项自治区级、24项包头市级相关工种竞赛。按照全面统筹、分级管理、自主推进的原则，从2020年开始，

推动构建“公司—板块—单位—车间”四级竞赛模式，计划每年按比例推进，到2022年实现竞赛工种全覆盖。

制定高技能人才带徒传技制度，在聘技师及以上高技能人才或具有绝招绝技的技能人才通过签订师徒协议，指导、帮助具有一定理论和技能水平的技能人才快速成长。其中，操作能手每人至少带1名徒弟，首席技能大师、技能大师至少带2名徒弟，有效防止技能人才“断层”现象。

（二）优化人才选拔机制，激励产业工人突破自我、不断革新。将原技能职级优化为八个职级，依次为首席技能大师、技能大师、操作能手、高级技师、技师、高级工、中级工、初级工。1～3级为高技能领军人才，现有首席技能大师10名、技能大师34名、操作能手99名。要求各单位“十三五”末培养的技师及以上技能人才占技能人员的12%，多能工等复合型技能人才占15%，持证上岗率达到100%。

（三）提高激励待遇，激发产业工人干事创业的热情。深化分配制度改革，形成以岗位效益工资制为主体，辅以年薪制、岗薪制的基本薪酬分配制度，及针对不同产业领域及特殊人才群体的个性化、差异化薪酬分配体系。技术工人执行岗位效益工资制。岗位效益工资制以劳动积累工资、保障工资、岗位效益工资和业绩工资四个工资单元为核心，辅以各类津补贴。首席技能大师执行所在单位班子副职年薪标准；技能大师执行所在单位班子助理年薪标准；操作能手、高级技师、技师分别执行2000元/月、1000元/月、500元/月的岗位技能津贴；针对高级工及以下职级，要求各单位制定相应的津贴激励机制，拉开收入差距。

（四）强化考核管理，推进产业工人队伍能上能下机制。将高技能人才2年聘期改为3年。3年内，根据实际需要对职数范围内空缺岗位进行中期动态调整，聘期结束，重新开展岗位职级评聘，以归零心态，激发产业工人自我革新热情。

重新梳理技能人员考核项目、维度、权重。将传艺带徒、任期绩效目标制定、年度绩效目标分解考核、自主改善项目、先进操作法推广等纳入考核，实行年度考核。

首席技能大师、技能大师在日常考核的基础上，增加民主评议、年度绩效目标完成情况、年度大师工作室建设等项目考核，并将年度考核结果直接体现在本年度年薪和津贴的发放额度上。高技能人才年度考核为不胜任的，下一年度直接降低一个职级，三年聘期内不再恢复。

建设高素质产业大军　推动高质量振兴发展

辽宁省沈阳市推进产业工人队伍建设改革领导小组

沈阳市认真落实党中央、国务院及辽宁省委、省政府关于产业工人队伍建设改革的部署和要求，坚持高站位认识、高起点谋划、高标准推进各项改革工作，取得了较好成效。

一、迅速搭建组织体系，形成了“一盘棋”推进的工作格局

沈阳市委、市政府高度重视产业工人队伍建设改革工作，在深入调研的基础上研究出台《沈阳市产业工人队伍建设改革实施意见》，明确了5个方面共26项改革措施。

（一）加强组织领导。以市编办文件形式明确，成立由市委副书记任组长，相关副市长和市总工会主席任副组长，市直32个部门为成员单位的沈阳市推进产业工人队伍建设改革领导小组，办公室设在市总工会，统筹推进改革各项工作。

（二）强化协调调度。市领导小组建立日常协调推进机制，印发年度改革任务台账，定期召开工作会议和调度会、推进会，编发工作简报交流推广改革经验，督促成员单位认真落实改革任务。

（三）坚持试点先行。制定全面改革试点方案，指导2个全面试点单位和7个项目试点单位积极探索实践，总结推广了铁西区完善工作机制，沈飞集团、黎明公司等企业打通技能人才发展通道、建立创新激励的机制，实施“党建强企”战略等试点经验，有力促进了产业工人队伍建设改革工作不断向纵深发展。

二、坚持在政治上保证，产业工人主人翁责任感不断增强

用习近平新时代中国特色社会主义思想教育职工，并有机融合沈阳工业文化、城市精神的传承和弘扬，凝聚振兴发展力量。

（一）加强思想政治引领。制发《加强和改进新时代沈阳产业工人队伍思想政治工作的实施方案》，深化理想信念和“中国梦·劳动美”主题宣传教育。在企业党支部推广市级标准化、规范化建设示范点，近两年沈阳市新发展党员中的产业工人党员的比例始终保持在24%以上。充分挖掘优秀产业工人典型，组织劳模工匠开展“四进”活动，2020年沈阳五一劳动奖章获得者、2021年沈阳市劳动模范中一线职工均占70%以上。

（二）拓宽参政议政渠道。近年来，沈阳市从产业工人中推荐产生党的十九大代表1名、省党代表10名、市党代表34名。2018年，有54名产业工人当选为市人大代表。2019年，市政协增补了2名产业工人委员，工青妇在换届中均配备了产业工人兼职领导。

（三）保障民主管理权利。开展企业民主管理标准化建设评估，规范企事业单位职代会、厂务公开和职工董事、职工监事等制度。多部门共同签发《关于实施集体协商“稳就业、促发展、构和谐”行动计划的通知》，全市174个监测点动态监测企业保障职工权益情况，指导沈阳机床集团等企业在深化企业改革中规范履行民主程序。

三、把提高素质作为着力点，打造符合振兴发展要求的产业工人队伍

打造知识型、技能型、创新型产业大军，推动沈阳全面振兴全方位振兴。

（一）持续开展职业技能培训。人社部门制定发布了专业技术人才继续教育工作实施方案、《职业技能提升行动方案（2019—2021年）》，完善了

《职业技能培训政府补贴目录》，出台补贴性职业技能培训实施办法。工会组织依托盛京工匠学院、职工大学、职工职业技能培训基地等，打造多层级职工培训体系，每年通过集中培训、进企送训、网络培训等覆盖职工近6万人次。

（二）不断深化职业教育改革。落实《沈阳市职业教育改革实施方案》，依托“沈阳市建设国家产教融合型试点城市”项目，推进高职院校实施“双高”建设计划，大力支持铁西中德园跨企业培训中心建设；建立中职专业建设动态调整机制，实现专业设置与主导产业高度对接；逐步完善“1+1+N”双元体系，产教融合、校企合作不断深化。

（三）竞赛和创新活动蓬勃发展。沈阳市每年组织开展主题劳动竞赛，举办20个工种以上的市级职工职业技能竞赛和职业院校技能大赛，评选奖励盛京大工匠、市优秀技术能手。同时，充分发挥技能大师工作室、246个市级以上劳模（职工）创新工作室和职工技协组织的创新示范带动作用，坚持举办职工技术创新活动周，评选职工优秀技术创新成果并给予资金补贴。

四、全面做好权益维护工作，全力破解产业工人关心关注的问题

始终以职工为中心，经常性深入企事业单位开展职工队伍思想状况和现实需求调研，有针对性地提出相应措施，相关做法被《工人日报》报道。

（一）保障劳动者合法权益。制定、发布提高技术工人待遇实施方案和工作细则，健全完善农民工薪酬支付保障制度。积极构建劳动争议多元化解机制，2020年组织173名集体协商指导员深入2000余家开复工企业指导劳动关系调处工作。坚持开展尘肺病防治攻坚行动，推动沈阳市1149家用人单位进行职业病危害项目申报。

（二）畅通产业工人流动渠道。每年举办省市就业再就业大型招聘会，建立沈阳就业网上服务大厅、就业人才服务微信公众号、综合便民服务

平台，四级公共就业服务网络覆盖131个街道、71个乡镇、964个社区、1311个村。开展“春风行动”，开发“沈阳市外出（来）务工情况调查微信小程序”，点对点智能推送招聘信息。

（三）加强产业工人公共服务。深入实施“沈阳人才新政24条”“新9条”等引才宜居政策，制定实施高校毕业生和高新技术企业人才首次购房、人才就业创业租房补贴实施细则等引才政策，推进企业全面建立职工住房公积金制度，结合地铁建设和新开公交线路进行交通优化调整，努力解决产业园区出行难、停车难等问题。

注重发挥工会组织力量
扎实推进产业工人队伍建设改革

凌源钢铁集团有限责任公司

凌源钢铁集团有限责任公司（以下称为“凌钢”）认真贯彻落实辽宁省委、省政府关于新时期产业工人队伍建设改革工作要求，通过政策导向激励、活动载体牵引，着力培育高素质产业工人队伍，助力企业高质量发展，推进产业工人队伍建设改革措施在凌钢落地见效。

一、创新活动载体形式，铺就高技能职工成才成长的“星光大道”

（一）技能大赛成为高技能人才成长、成才的“练兵场”。积极组织职工参加省、市、钢铁行业职工技能大赛，学习交流先进技术，锤炼高超技能本领。凌钢职工荣获了朝阳市职工技能大赛焊工、钳工、电工3个赛项状元；首次获得辽宁省职工技能大赛炼铁、炼钢、钳工、焊工、电工5个工种的前10名。

推进“学考并举、赛练结合”的技能竞赛模式，开展公司级十大工种技术比武、基层技术比武，参赛人数3000多人，“以赛促学，以赛促练”的竞技氛围不断升温。突出关键工种岗位技能和重点指标的提升，积极开展专项技能竞赛，和2019年相比，2020年的转炉终点碳、终点磷、窄成分命中率、一倒命中率等炼钢系统重点指标均提高2%以上，钢铁料、合金料、辅料消耗等成本指标大幅降低。

（二）职工（劳模）创新工作室让技能人才创新、创效活力不断释放。发挥劳模（职工）创新工作室示范引领作用，组织带动一线职工在优化技术操作、改进生产工艺、提升产品质量、提高工作效率、降低成本消耗、保证安全生产等方面完成创新成果达千项。公司5个省级劳模创新工作室针对生产瓶颈，主动在技术升级、指标提升、设备点检定修等方面汇聚创新合力。每个工作室每年创新、创效的经济效益达到1000万元以上。

（三）“拜师学技”引领职工提高技艺、传承思想，实现企业技术长青。广泛开展“拜师学技”活动，突出青年技能人才培养，着力弥补思想技术断层。该活动以近5年入厂青年技工为主要培养目标，通过师徒结对、明确师徒责任、制订培养计划、建立双奖机制等措施，推进师徒技术传承、思想传承、文化传承。2020年，57个工种300对师徒签订“师徒合同”。一批劳模、技师、比武状元等具有高技能的师傅，进行“一对一”“传、帮、带”活动，掀起拜师学技，传承劳模精神、工匠精神的热潮。

二、搭建素质提升平台，推进“互联网+”职工技能提升新模式

（一）开发网上练兵学习系统，推进职工素质提升平台建设“智能化”。开发了职工网上练兵学习系统（电脑版）和凌钢e家（手机版App），设置闯关练兵、在线考试、试题征集、网上创新、网上图书馆、精品课堂等多个功能模块，50个工种、20万道题库，涵盖了钢铁生产关键岗位工种，职工可以利用计算机或手机随时随地进行学习训练和测试。拓展职工网上自学、闯关练兵、专题培训内容，采取月、季、年积分排名奖励机制，提升网上学习培训效果。特别是在新冠肺炎疫情期间，职工在工作之余随时利用计算机或手机在网上学习防疫知识、进行工种闯关练兵，月度练兵人数达8419人次，创系统上线以来人数新高，做到了防控疫情、练兵学习两不误。

（二）组织开展生产仿真实训，实现关键工序岗位职工实操培训“零成本”。针对钢铁生产的重要工序和关键岗位，分别建立了高炉炼铁、转炉炼钢生产仿真实训操作系统，以劳模创新工作室为依托，将炼铁、炼钢生产过程“搬”到网上，利用系统平台对职工开展网上仿真实训。根据钢铁冶炼的不同生产流程及工序要求，进行标准化模拟操作，实现操作时间、画

面场景、操作步骤、工艺数据与生产现场过程相同步。仿真实训模拟系统更接近生产实际操作，实现了职工实操“零成本”培训，促进了关键工序岗位职工的素质能力提升。

（三）建设职工技能培训基地，为设备维修队伍提升技能提供“加油站”。把提升维修工技能水平作为重点，通过建立职工技能培训基地，着力打造高技能维修工队伍。在辽宁省总工会 30 万元培训基地资金的支持下，增加投入 70 多万元，建成凌钢维修工技能培训基地。该基地拥有电、钳、焊、自动化仪表工种高标准实训设备（工具）200 多台（套），不仅满足了凌钢维修工日常技能培训需要，还兼备比武鉴定考核功能，具备承办市级、省级技能大赛能力。工会培训基地成为职工练兵比武、提升技能的“加油站”。

三、创新技能导向激励机制，不断提升岗位技能人才的获得感、幸福感

（一）注重氛围营造。发挥一线产业工人主体作用，强化“靠专业提升水平、靠精细加强管理、靠匠心打造品牌、靠智慧赢得竞争”的思想共识。鼓励职工立足岗位创新、创效，广泛宣传先进典型，让高技能人才“香”起来、“响”起来、“强”起来，让工人学技术、提技能、搞创新、献良策、戴红花、受奖励成为常态。

（二）健全激励机制。制定《凌钢职工技能提升系列活动奖励办法》，设立专项奖励资金 800 万元，建立动态激励机制，让高技能人才“名利双收”。凌钢职工参加技能比武获奖、在本职岗位工作突出被评为技术能手、获评拜师学技“好师徒”、被评为技术创新之星均能获得现金奖励。参加集团各类技能比武和省市比赛的个人获得的奖励累计最高达 3.5 万元，炼钢关键岗位工匠获得的奖励累计最高达 3.9 万元，技能人才立足本岗有为有位，获得感不断增强，幸福感不断提升，劳模精神、劳动精神、工匠精神在凌钢得到弘扬和体现。

推行“三三二”举措　有力推进产业工人队伍建设改革落地见效

吉林省长春新区新时期产业工人队伍建设改革试点工作领导小组

长春新区总工会按照《长春市新时期产业工人队伍建设改革试点工作方案》要求和“政治上保证、制度上落实、素质上提高、权益上维护”的总体思路，成立长春新区新时期产业工人队伍建设改革试点工作领导小组及领导小组办公室，制定了实施方案，扎实推进产业工人队伍建设改革试点工作，取得了一定的阶段性成效。

一、注重“三个引领”，大力加强产业工人队伍思想政治建设

（一）加强思想引领。发挥长春新区3个“星火驿栈”党群活动服务中心、32个“新时代文明实践站”的阵地作用，组织开展30余场专题宣讲活动，参与职工达5000多人，团结引领广大产业工人坚决维护以习近平同志为核心的党中央的权威和集中统一领导，坚定不移听党话、跟党走。

（二）加强党建引领。加强党对工会工作的领导，完善“党建带工建”机制。开展产业工人党员“双向培养”工程，把优秀产业工人党员培养成为基层党组织负责人和企业经营管理骨干，不断增强产业工人队伍的先进性。

（三）加强劳模引领。以新区“职工驿站”为阵地，充分利用“职工驿站”和微信公众号平台、新区网站等媒体，深化“中国梦·劳动美”主题教育活动，加大劳模宣传力度，建立常态化宣传工作机制，大力弘扬劳模精神、劳动精神和工匠精神。

二、注重“三个着力”，大力提升产业工人队伍整体素质能力

（一）着力推进产业工人培育引进工作。与吉林大学、长春职业技术学院等8所院校，围绕大学生就业实习基地合作共建、高技能人才联合培养，制定相关工作方案，细化12项工作举措。制定出台《长春新区“奖学金”实施细则》，在吉林大学等5所高校设立“长春新区奖学金”，吸引更多优质毕业生到新区就业、创业。同时，鼓励企业加大职业培训投入，提升企业新录用职工和在岗职工的岗位技能。

（二）着力优化产业工人职业技能培训评价机制。结合“长白慧谷”英才计划，每年选树10名左右“创新型职工”能手给予表彰。引导企业制定并实施技术人才培养规划和培训制度，不断深化高技能职工培养工程，推动建立职工全员学习、终身学习的引导机制、培训机制、评价机制和激励机制。

（三）着力实施农民工职业技能提升计划。注重根据技能培训对象，建立适合各类就业及创业群体、涵盖不同层次的培训内容体系，形成激发就业、创业的全新培训格局。注重技能培训内容，结合农村劳动力的自身特点，通过分析研判，分批次开展特色素质培训班次，增强技能培训工作的实效。全区开展的各类培训累计培训达1080人次。2020年，新区与高新物业公司联合举办了第4期整理师技能培训班，已累计培训300多人次。其中，120名学员通过考试考核获得整理师证书。

三、注重“两个突破”，大力激发产业工人队伍创新发展动力

（一）以“长白慧谷”英才计划为载体，在政策扶持上求突破。把优秀产业工人特别是高技能人才纳入党管人才总盘子统筹管理，把产业工人中的高技能人才、高素质创新人才放到与专业技术型人才、管理型人才同等重要位置。累计入选“长白慧谷”英才计划的高技能人才有24人，对入选

人才给予最高5万元的资金支持，在住房保障、子女就学、研修培训等方面给予政策支持。

对新引进的与企业签订3年以上正式劳动合同且工作满1年的优秀人员，连续3年给予补贴。对区内重点企业中连续工作满5年的骨干人才，每人给予5000元奖励。政策深入实施以来，已惠及500多家企业、4600多人次，累计兑现人才相关政策资金达1.5亿元。

（二）以技能提升为导向，在开展产业工人劳动和技能竞赛上求突破。成立“长春新区劳动竞赛委员会”，构建党政重视、工会运作、各方配合、职工参与的工作格局和全域覆盖、全员参与、全方位推进的竞赛机制，倾力打造长期坚持、职工认可、影响广泛的劳动竞赛品牌。

以“双创”为引领，着眼激活智力要素、团队要素和行业要素，广泛开展以“当好主人翁、建功新时代”为主题的职工劳动和技能竞赛，同步推进群体创新劳动竞赛、重大项目立功竞赛和岗位建功创优竞赛，发挥“双创”劳动竞赛在促进大工程、大项目、大建设中的重要作用。对重点劳动竞赛活动，纳入新区总工会重点工作项目，给予0.5~1万元的经费补助。

积极创建劳模和工匠人才创新工作室，进一步推动企业在人才培育、转化应用和创新、创效等方面深化发展。积极引导企业结合实际开展劳动竞赛活动，充分调动广大职工的工作积极性。

中铁物流港项目部举办了“抗疫情、保增长、大干100天”劳动竞赛活动。新区总工会与城管局联合举办了新区环卫工人技能大赛。新区总工会每年都对直属企业工会劳动竞赛项目给予一定的经费扶持，并对劳动竞赛中表现特别突出的先进典型在表彰会上给予表彰奖励。

强化非公企业区域联合工会党工共建 夯实产业工人队伍建设改革组织基础

吉林省长春市二道区党工共建联合工会领导小组

吉林省长春市二道区认真贯彻落实《省委、省政府关于贯彻落实〈新时期产业工人队伍建设改革方案〉的实施意见》，积极开展“建立联合工会加强非公企业产业工人队伍党建试点”工作，着力打造长春市二道区党工共建品牌“红领先锋”，构建形成组织共建、资源共用、活动共办、人才共育、效能共评的“五位一体”党工共建工作格局。

一、坚持“三个注重”，统筹推进组建工作

迅速建立组织，开展调研论证，系统组织推进，试点工作“稳步开局”，确保试点工作落实落地。

（一）注重领导统筹。成立长春市二道区党工共建联合工会领导小组（以下称为“领导小组”），区委组织部、区总工会牵头抓总，负责科学谋划设计、制定实施方案、统筹各方资源力量，强化试点工作推进措施，压实试点工作主体责任，加强监督管理，有序推动落实试点工作；各街（镇）党（工）委书记为第一责任人，负责各项工作任务的落实。

（二）注重调查研究。多次召开座谈会，研讨试点办法，形成“以区域为主、行业为辅，多重布局，梯次推进”的工作思路，对各街道实行工作内容、工作要求、工作进度、工作标准、工作考核统一和工作方法创新的“五统一创”推进模式，有效防止了联合工会组建应付、随意，工作推进“一阵风”的问题。

（三）注重工作创新。针对在非公企业建立工会组织普遍存在基础先天

不足、缺乏内在动力等问题，根据非公企业的数量、规模、行业类别、地域分布等情况，采取“组织领建、工会助建、协会促建、品牌带建”四种模式，依托社区、商圈、楼宇、行业商（协）会建立联合工会党组织。按照相关工作要求，二道区共建立非公企业联合基层工会75家，涉及企业和个体工商户2254家、职工1.87万余人、工会会员1.86万余人。依托行业特点，建立了二道区唯一一家以企业命名的联合基层工会组织——长春市中誉顺风石材行业联合基层工会。

二、坚持“四个抓”，着力夯实工作基础

为确保工作有效有序推进，从基地、机制、经费和舆论四个方面，实现试点任务“蹄疾步稳”。

（一）抓基地。打造“人才港”教育培训基地，设置联合工会办公室、会议室、教育体验室等功能分区，充分发挥联合工会的引领带动作用，提高党工组织品牌效应，实现联合工会“办公有场所、培训有阵地、服务有载体”的“三有”目标。

（二）抓机制。协调相关部门建立稳定长效的资金渠道，切实保障联合工会主席的工资待遇、办公条件和工作经费。为确保组织规范，组织人员制定联合工会主席日常管理和工作考评办法，建立培训和考评双向管理制度，将培训完成情况与平时考核、年度考核挂钩。

（三）抓经费。设立70万元专项经费，用于“人才港”联合工会平台及3家典型试点单位打造。适时组织召开工作推进会、现场会、座谈交流会，积极探索经验，通过挖掘典型、增强示范效应，推动非公企业产业工人队伍党建工作水平的整体提升。

（四）抓舆论。坚持正确舆论导向，充分利用各类党报党刊、广播电视、劳动新闻报等传统媒体，有效运用“微信公众号”“微博”新媒体平台，积极宣传试点工作的重要意义、目标任务和主要措施，大力宣传联合

工会典型经验做法和工作成效，努力营造良好舆论氛围。

三、坚持“五统”，积极推动作用有效发挥

非公企业产业工人联合工会的成立，为构筑有效基层维权保障网络提供了有利条件。

（一）党建工作统抓。为确保工会成员党建工作有人管、有人抓，在每个联合工会中都暂时插入了“派驻党组织”负责抓好联合党组织的党建工作，“统起来”形成党建工作“一盘棋”，形成工作合力。开展推优培育先进分子入党行动，主动挖掘培育产业工人入党先进分子，一对一确定入党“引路人”，加强思想教育，鼓励引导各非公企业先进分子主动自愿加入党组织，强化非公企业产业工人党员队伍结构，充实发展党员后备力量，全年接收 31 名非公企业先进职工加入党组织。

（二）劳动合同统签。由联合工会协调工会企业签订劳动合同，建立起劳动关系协调机制，使职工个人劳动合同的签订和社会“五险”的办理有了保障。

（三）区域收入统商。实行区域性、行业性工资集体协商机制，建立起协议内容统一、操作程序统一的工资集体协议，保障同区域、同行业职工的收入相差不大，与企业效益同步增长的愿望得到实现。

（四）代表大会统开。实行联合工会内职工代表大会制度，促进非公企业职工知情建议权、协商参与权、依法监督权的落实，有效发挥企业工会在“共谋企业发展、实现劳资双赢”中的重要作用。

（五）发展问题统筹。为加强联合工会非公企业复工复产工作，二道区委非公党工委联合工会所属企业加入“红色保企”行动，印发《政策汇编》，把政策“快递”给每一家企业，开展“大 V 逛夜市”等特色活动 9 场，开展融资对接活动 4 场，协调解决融资等问题 30 余项，组建“助企发展服务团”6 个，开展“一对一”定制式服务，发放流动资金贷款 1.6 亿

元，协调解决租金减免 2100 余万元。

虽然试点工作推进比较顺利，但仍存在一些矛盾问题，主要体现在联合工会党组织建立难、作用发挥难、指导建设难等方面，我们将针对存在的困难和问题，继续探索创新，努力取得新的改革成效。

坚持“三突出、一强化”激发产业工人的活力、动力、效力

中国一汽集团

中国一汽集团高度重视和加强新时期产业工人队伍建设改革工作，研究制定并下发了《中国一汽党委关于贯彻落实〈新时期产业工人队伍建设改革方案〉的实施意见》，明确5个方面共16项重点工作任务，有序推进产业工人队伍建设改革工作。具体做法是坚持“三突出、一强化”，打造高素质职工队伍，为打造汽车工业强国、建设世界一流企业建功立业。

一、突出思想政治引领，提振职工干事创业的精气神

坚持用理论武装头脑，通过举办专题讲座、学习研讨、职工大讲堂、班组小课堂等活动，推进习近平新时代中国特色社会主义思想和党的十九大精神进企业、进车间、进班组，引导广大职工坚定不移听党话、跟党走。

大力弘扬劳模精神、劳动精神和工匠精神。通过举办年度表彰大会、劳模座谈会，拍摄专题片，特别是承办“中国梦·劳动美”2018年“五一”国际劳动节“心连心”特别节目，唱响“劳动光荣、技能宝贵、创造伟大”的时代强音。

畅通职工信息沟通渠道。建立健全三级职代会、五级信息公开体系，搭建员工心声吧、“面、心、实”恳谈会等信息沟通平台，问计于职工、问需于职工，及时回应职工关切的问题，形成了快速、高效的信息沟通、反馈机制。一年来，累计形成了38期共114份员工心声吧统计报表，员工共发帖1714个（其中咨询类417个、建言献策类293个），回复率达100%。

二、突出技能人才培养，促进职工队伍技能素质提升

探索校企合作新模式，与吉林大学、长春汽车工业高等专科学校等院校开展技能人才培训、培养共建活动，其中有5860名毕业生被录用。举办班组长学历教育培训班，开展体验式培训、订单式培养，共培训班组长1860人。

以职业技能鉴定拉动复杂技术工种的职业技能水平提升。建立72个工种的鉴定共享题库，实现了以鉴定拉动培训，有效保障了复杂技术工种职业技能水平提升。广泛开展岗位练兵、技术比武和技能大赛等活动，全面促进职工素质提升。紧密围绕汽车产业“新四化”发展趋势，坚持以赛促学、以赛促练、以赛促用，大力培养职工创新人才，提升职工创新能力。累计举办了9届百工种职工技能大赛，受训人次达30万。通过大赛，共有184人荣获“中央企业技术能手”称号、3人荣获“吉林工匠”称号、91人荣获“长春工匠”称号。

三、突出职工创新创效，激发职工的创新激情、创造活力

各级党、政、工、团组织齐抓共管，有关部门有效支撑，建立了“党政领导、部门协同、工团发动、全员参与”的职工创新横向协同机制，形成了集团层面推进TOP-C项目、分（子）公司管理重点项目、车间科室抓好全员改善的纵向落地机制。分工明确、职责清晰、步调一致，网格化的职工创新工作格局基本形成。

广泛开展合理化建议、技术革新和技术协作等活动。围绕生产经营找难点、攻难关、解难题，发动全员动真招、出实招、用绝招，深入开展“献一计”“QC小组”等全员改善活动，推进职工创新出成果、见实效。5年来，聚焦技术创新、提质增效、成本改善、管理提升等方面征集职工合理化建议230万项，实施190万项，实施率82.6%，节约、创造价值17.3

亿元，职工参与率达 89.3%，总结推广先进操作法 120 多项。

深化“六层六有”职工（劳模）创新工作室创建（六层：国家级、省部级、市级、集团级、分（子）公司级、工厂级；六有：有带头人、有阵地、有目标、有设施、有团队、有成果），发挥劳模工作室创新引领作用。截至 2019 年底，创建国家级工作室 6 个、省部级工作室 10 个、市级工作室 15 个、集团级工作室 46 个。仅 2019 年，46 个集团级工作室共立项攻关项目 1187 个，培训人数 1.47 万人次，申报专利 126 项，节约、创造价值 1.16 亿元。

广泛搭建职工创新成果展示交流平台。建立职工创新大会、现场观摩会、成果发布、成果共享等工作循环机制。发布中国一汽数字化创新服务平台，逐步实现职工创新项目实时在线、动态管理、效果评价等的 PDCA 闭环管控。共有 41 项创新成果荣获中国机械工业科学技术奖二、三等奖。

四、强化体制、机制保障，促进产业工人队伍建设改革

建立“两卡一网”服务机制。积极践行“双关心、双成长”（企业关心员工、员工关心企业，促进员工和企业共同成长）文化和“惠员工”理念，搭建服务员工的“两卡一网”（员工健康关爱卡、员工成长关心卡、员工生活关怀网）数字化场景。

建立“员工健康关爱卡”。通过设立体检档案管理、运动打卡积分、营养健康指导等功能，为员工提供个性化的健康指导，帮其系统地管理身心状态。

建立“员工成长关心卡”。帮助员工认清职业生涯发展方向，在线上开展有针对性的赋能活动、培训，助力员工成长成才。

建立“员工生活关怀网”。开展线上特惠商超、特惠团购、便捷办理等活动，为员工提供质优价廉的商品和服务。真正让广大员工与企业结成事业发展上的命运共同体，共享企业改革发展成果。有效打通高技能人才发

展通道，实施非领导职务高层次人才评聘的绿区政策，在工人中评聘专家、高级专家和首席专家，现已评聘工人专家 219 人。

不断完善技术工人待遇保障机制。提升技术工人的政治待遇，推荐优秀高技能领军人才在群团组织中任职。全国劳模李凯军兼任中国机械冶金建材工会全委会委员，全国五一劳动奖章获得者金涛兼任共青团吉林省委副书记。基层单位一线职工在工会会员代表、职工代表中的占比均超过 50%。提升技术工人的经济待遇，坚持薪酬分配向价值创造者倾斜，实现技高者多得、多劳者多得。同时，评聘的工人专家、高级专家和首席专家享受与管理干部和技术专家同等的车辆补贴和通信补贴。

搭建平台力促校企合作
推动建设高素质劳动大军

上海市推进产业工人队伍建设改革联席会议办公室

近年来，上海市总工会聚焦上海新型产业体系建设，深化产教融合、校企合作，广泛调研、多方协调，联合市人社局、市教委等相关委、办、局出台了《关于深化上海产业工人队伍建设改革　推进校企合作工作的指导意见》，推动院校与企业深度合作，打造高素质技能人才队伍，培养更多大国工匠，为促进就业、创业、创新及推动经济高质量发展提供强有力的支撑。

一、推动签约合作，构建校企合作工作模式

上海市总工会会同市教委工作党委等相关委、办、局，推动东华大学、上海大学等15所院校，上海航天技术研究院等9家央企，上海建工集团有限公司等11家市属国企，上海之江生物科技股份有限公司等3家民营企业合作签约，围绕教学内容、教学方式、培训设施、专业设置、职业标准等开展深度合作，探索具有上海特色的校企合作新路径，以期涌现出更多的电气模式、江南模式和临港模式，为上海的产业发展、经济发展提供坚实的技术技能人才保障。

（一）构建"李斌技师学院＋上海电气"的电气模式。李斌技师学院是全国第一家以劳模名字命名的技师学院，由上海电气集团和上海市机电工会依托上海电机学院创办。该学院坚持"学校＋工厂""学历＋技能"的办学方针，突出"工学交替、校企合作、系统培养、动态管理、突出技能、强化素质"的办学特色，采用资源整合、双证结合、学分银行等方法，创

新开设“3+3+3”培训模式，即首先考察、选拔技能等各方面基础较好、有3年工作经历、35岁以下的青年技术工人进行培养，在不影响其生产工作的前提下，用3年时间，培养其成为具有大专学历的高级工，再用3年时间培养其成为具有本科学历的技师。该模式获得国家教育部教学成果一等奖。

（二）构建“江南技校＋江南造船”的江南模式。江南技校是国家重点中职学校，隶属于江南造船有限责任公司。双方共同建立“企业办学、校企一体”的联合育人模式，在江南技校建设“两个实训中心，三个培养基地”，将企业生产内容、职业标准、产业需求纳入教学大纲和教学课程，提高在校学生的技能水平，使毕业生“无缝对接”集团用工部门和其他企业。同时，依托江南技校资源，双方成立了“江南工匠学院”。该学院强化岗位技能培训，形成了“学生精技术、强技能；教师能教学、能生产；职工做领军（人物）、成工匠；企业用得上、留得下”的良好局面。

（三）构建“临港集团产业大学＋多企业”的临港模式。临港集团产业大学区别于传统实体大学，采用“虚拟校区、实体运营、产教融合、创新引领”的模式，依托临港集团职业教育与企业大学平台，整合上海建桥学院等高校的学历教育与社会服务能力，以及业内龙头企业培养体系，结合新片区重点产业与人才需求，以引领性、交叉性、创新性的学科专业为重点，集中打造光学工程、智能制造、智能网联汽车等5个重点产业专业，设立智能制造、先进光学制造、中锐汽车、公共安全管理等6个学院，与50家临港龙头企业开展多维度校企合作项目，由此，建立了从在校大学生联合培养、在岗技术技能人员继续教育到社会求职人员岗前培训的新型产教融合教育体系。其不断探索校企合作、多方参与的双元技术技能人才培养新模式，打造临港产业人才高地和国际先进产业平台。

二、整合各方资源，加大校企合作保障力度

上海市总工会主动牵头，积极整合政府有关部门、社会企业、职业院

校和科研机构的教育培训资源，不断构筑各方资源“合作链”，为推动校企双方深度合作提供强有力的支撑和保障。

（一）建立劳模工匠学院和技师学院。上海市总工会会同市教委在相关院校建立劳模工匠学院。该学院与新型学徒制相衔接，采用工学交替教学模式授课，突破专业限制和学习时段限制，以“学分银行”累积学分的方式，将技能培训与学历教育结合起来。学生所得学分可在校企合作平台上通用，满足相关条件的学生即可获得 1+X 证书，即“1”本学历证书、“X”项职业技能等级证书。

（二）加强公共实训基地建设。按照“规划统筹、部门合作、多渠道资源建设、高效共享利用”的原则，上海市总工会会同市人社局、市教委、市经信委、市国资委等相关部门重点做好市级职业教育开放实训中心、上海职工学堂、大型园区行业企业培训中心等一批公共实训基地建设，使学校、工会、行业、园区、企业都能成为职业技能培训和就业服务的实训基地。

（三）开展劳动与技能竞赛。上海市总工会会同市人社局、市经信委、市国资委等相关部门共同建立“培训、练兵、比武、晋级、激励”五位一体的职工技能发展新体系，建立健全技能提升与职工技能评价体系联动机制、与行业技能标准发布联动机制、与技能晋级激励措施联动机制，推动劳动竞赛在产业、企业和职工群体中不断拓展，使之有机融合到企业经营管理的全过程中，不断扩大竞赛活动的覆盖面和影响力。

（四）推动劳模工匠进校园、思政教师进企业。上海市总工会会同市教委等相关部门推动院校、企业探索构建高校劳模精神育人体系，打造思政金课和特色教材，定期组织劳模交流与创新活动，教育广大产业工人和学生树立立足岗位、创业奋斗的理想。同时，为高校思政名师进园区、进企业提供平台，给产业工人讲新思想、新理论，讲“四史”，激励产业工人队伍坚定理想信念。

（五）加强“双师型”队伍建设。上海市总工会会同市教委推动企业与院校共同建立培训师资库，每年聘任千名劳模工匠为兼职教师，将企业先进生产技术和理念带入职教课堂，将院校教师每 5 年赴企业实践 1 年作为市教育综合改革重点推进项目。市总工会与市教委、市人社局等部门联手，共同认定 20 多个高技能人才基地，将其作为市职业教育和职业培训教师企业实践基地，为专业教师赴企业实践搭建平台。

强化思想政治引领　推动产业工人地位提升

上海市宝山区委组织部

上海市宝山区委组织部坚持以习近平新时代中国特色社会主义思想为指导，深入贯彻落实中共中央《新时期产业工人队伍建设改革方案》和上海市委、宝山区委推进新时期产业工人队伍建设改革的有关要求，不断加强和改进宝山区产业工人队伍党的建设，为宝山科创中心主阵地建设提供有力的政治支撑和坚实的队伍保障。

一、加强政治建设，着力提升产业工人政治站位

（一）强化思想引领，在“强基”上下功夫。坚持以“红帆港”党建品牌为牵引，以开展“四史”学习教育为动力，引领产业工人前进方向。始终把加强和改进产业工人队伍思想政治建设放在首要位置，创新“红帆讲堂”“红帆课堂”等培训形式，引导广大产业工人以习近平新时代中国特色社会主义思想武装头脑，自觉把思想和行动统一到中央、市委和区委的要求上来。拓展党性教育形式，精心设计“逐浪”“绽放”“锤炼”“激昂”“奋进”“筑垒”“振兴”7条宝山党性教育现场教学红色线路，组织1466名产业工人党员接受红色洗礼。

（二）强化组织引领，在“固魂”上下功夫。始终坚持把党的组织建设到产业工人集聚的一线产业园区、工程项目和施工现场，始终做到哪里有产业工人哪里就有党员，哪里有产业工人党员哪里就有党组织。全区“两新”组织（新经济组织、新社会组织）现有党组织793个、在册党员8610人。

加强党建阵地建设，打造覆盖面更广、功能更强、机制更全的党群服

务一体化阵地。在街镇层面，建立“红帆港”党群指导站，建立具有区域性、开放性、综合性的党建带群建枢纽平台；在“两新”组织集聚场所，建立“红帆港”党群服务站，实施“错峰开放 + 项目清单 + 多方参与 + 志愿服务”管理模式。在“两新”组织经营、办公场所内，有效整合“两新”组织的党员之家、职工之家和青年之家等资源，建立“红帆港”党群活动站。目前，全区共建成“红帆港”党群指导站 15 个、“红帆港”党群服务站 61 个、“红帆港”党群活动站 204 个。

（三）强化机制引领，在“引航”上下功夫。持续关注引领产业工人的机制建设，特别是“四新”领域党的建设工作，制订全年“两个覆盖”计划，使党的工作向区域经济重点发展产业不断延伸。通过建立组建联动、队伍联育、阵地联建、项目联办、宣传联推、成效联考的“六联”工作机制，探索在新兴领域开展党建工作的有效路径，不断推进党的组织覆盖和工作覆盖。开展新一轮非公企业和社会组织摸底排查，对全区 2.6 万余家非公企业和 700 多家社会组织进行信息排摸，采取“单独建、联合建、挂靠建”等方式，确保应建尽建。

二、加强队伍建设，着力提高产业工人社会地位

（一）进一步加大党员发展力度。始终坚持将党员发展数量向生产一线工人、班组长、劳务派遣工、生产技术骨干倾斜，将产业工人队伍中的技术能手、青年专家、优秀工人吸收到党组织中来。近年来，全区发展的党员中，企业管理人员、企业专业技术人员、技能人员、农民工数量逐年递增。

（二）进一步畅通参政议政渠道。积极推荐产业工人中的先进典型作为党代表、人大代表、政协委员的人选，适当增加产业工人当选的比例。目前，上海市宝山区 345 名党代表中，产业工人代表 27 名，占 7.8%；区第八届人大会 271 名代表中，产业工人代表 19 名，占 7%；区第八届政协会 290

名委员中，产业工人代表21名，占7.2%；区第九届青联委员中，产业工人代表47名，占17.1%，以上占比均比上届有所提升。

（三）进一步增强党员示范引领。扎实开展“岗位建新功，党员见行动”活动，设置以产业工人为主体的党员示范岗215个、党员先锋岗126个、党员责任区112个，评选“亮明身份、亮出承诺”党员591名，引导广大产业工人立足岗位、建功立业，注重典型引领、示范带动。2020年，在全区表彰的“疫情防控优秀共产党员”中，产业工人数量达67名，占表彰人数的21.2%，充分展示了产业工人的强大力量。

三、加强人才建设，着力集聚产业工人优秀人才

（一）加大人才队伍建设。将产业工人队伍建设纳入宝山人才发展“十四五”规划，加大对技能人才队伍建设特别是高技能人才队伍建设的政策支撑。开展区内创新创业优秀人才选拔表彰活动时，加大对技能人才的倾斜力度，通过表彰奖励、风采展示、媒体报道等形式积极树立典型、鼓励先进。

（二）落实人才激励机制。健全完善党委联系服务专家机制，将产业工人中的高技能人才、高素质创新人才等纳入党委联系服务专家范围，开展各层面领导走访慰问专家工作，加强对人才的关心、关注。积极挖掘并宣传各类优秀产业工人的先进事迹，结合区级人才选拔，表彰一批践行爱国奋斗精神的先进团队和个人，大力宣传先进典型、树立先锋模范。

（三）提升人才服务水平。开展创新创业巡回服务活动，整合政府、行业协会和社会多方资源，为各类产业人才提供创新创业咨询、答疑服务。拓宽“樱花卡”服务深度，将产业工人纳入“樱花卡”服务范畴，整合区内各部门和街镇（园区）优质资源，为其在就医、文化、健身、培训等多方面提供优质服务。

注重“三个坚持”
深化产业工人队伍建设改革工作

上海市杨浦区推进产业工人队伍建设改革领导小组办公室

2019年以来，上海市杨浦区认真贯彻落实中央和市委部署要求，创新体制、机制，落实配套措施，注重“三个坚持”，强化协同推进，使得全区产业工人队伍建设改革实现全面推进，取得阶段性成效。

一、坚持政治引领，在统筹资源上出实招

（一）举旗定向“铸魂”。加强理想信念和职业道德教育，推动其内化为产业工人的坚定信念、外化为产业工人的自觉行动。在上海市首创“大家微讲堂·社区政工师”项目，推动高校“网红”思政、人文“大家”进园区宣讲。该项目在哔哩哔哩视频平台上的直播点击量破300万次，弹幕互动超30万条。举行“读响十九大，劳动最光荣”诵读大赛系列活动，点赞数近百万人次。

（二）高点布局“谋篇”。积极推动落实“八个纳入”，即把产业工人队伍建设改革工作纳入区委全面深化改革工作总体布局、纳入区委常委会年度工作要点、纳入区委党建工作的总体布局；把推荐优秀产业工人入党纳入全市党员发展总体计划、纳入区人才工作的总体布局；把职工“五小”发明创造纳入创新体系；把产业工人队伍建设改革工作纳入区委年度重点督查检查事项；把困难职工帮扶纳入政府帮扶体系。成立杨浦区推进产业工人队伍建设改革领导小组，由区委副书记任组长，区政府分管领导及区总工会主席任副组长，建立健全联合调研、信息通报、工作会商等工作机制。各行业、街道普遍形成党（工）委（党组）统一领导、工会牵头协调、

部门各司其职、各方协同推进的工作格局。

（三）同向发力“落实”。区委、区政府制定印发《关于推进新时期杨浦产业工人队伍建设改革的有关工作举措》，其中 22 条明确了工作目标及任务，涉及全区 28 个部门和群团组织。有关部门先后出台《杨浦区国际双创人才基地建设三年行动计划》《上海市职业技能提升行动计划（2019—2021 年）杨浦贯彻落实方案》等，统筹谋划产业工人中的高技能人才培养以及服务等工作。杨浦区出台《杨浦区高层次人才分类认定管理服务办法》，2020 年为 75 家重点企业引进 83 名特殊人才，首批认定 339 名高层次人才。

二、坚持示范带动，在试点创新上下实功

（一）精心选树“试点”。按照“先行试点、有序推进”的工作思路，2018 年下半年，杨浦区以长白上缆军工路区域作为试点，围绕构建和谐劳动关系和提升产业工人综合素质这两个重点，制定了 4 大类共 12 项工作措施，引导企业和职工就调整薪酬、在岗培训进行集体协商，促进就业稳定，开展电力工程行业、制造加工行业重要岗位工资发布试点。这些举措有效推动了企业内部进行二次协商，建立合理的薪酬分配制度，实现职工工资正常增长，有效促进了企业经营发展与职工成长成才的同频共振、同步提升。

（二）探索扩大“阵线”。在长白上缆军工路区域试点的基础上，2019 年杨浦区把试点范围扩大到湾谷科技园、精智实业股份有限公司，2020 年逐步向街道、园区、楼宇覆盖，并在创智产业带、创谷产业带、环同济产业带、滨江产业带等区域形成相关经验。

（三）政策激励“扩面”。杨浦区出台《关于使用地方教育附加专项资金支持本区企业开展职工职业培训的实施办法》《职业技能提升行动专项资金使用管理规定》《杨浦区企业新型学徒制工作实施细则》等多项具体举措，大规模开展产业工人职业技能培训，大力度落实资金支持、要素配套、

特定待遇等；率先推出选手培养基地，举办“竞秀杨浦职业技能节”“世界青年技能日”等主题活动，着力培养层次合理的技能人才队伍，为杨浦区高质量发展引才、育才、留才。

三、坚持服务优先，在推动发展上见实效

（一）聚焦转型发展。聚焦人工智能、工业互联网、区块链、位置服务、在线文娱 5 大先导产业，紧贴在线新经济、现代设计、新一代汽车 3 个千亿级产业集群，依托杨浦区职业教育集团，着力培养高素质劳动者和技术技能人才，在政策、经费等方面给予支持与保障。充分发挥自身优势，将世界技能大赛车身修理项目打造成杨浦区的职业教育的“名片”，初步建立“中职—高职—本科”的应用型人才培养体系，打通产业工人学历提升和技术技能提高通道，有效引领广大产业工人强技能、争创新。

（二）聚力技能提升。依托上海开放大学学分转换机制以及“百万市民学力提升”计划，开展农民工 EBA 等专项技能培训，实现全域、全链、全辐射的产业工人队伍社区教育和终身学习服务。鼓励企业自主培训，建立首席技师、技能大师、劳模、技师创新工作室制度，并扩大工作室在产业行业、职业工种中的覆盖面。选择职业院校重点专业挂牌建立“上海职工学堂”，推动相关专业产业工人技能提升。

（三）聚合服务保障。出台《疫情防控期间协助企业做好复工复产十项措施》，为产业工人在就业稳岗、困难帮扶、劳动关系协调等方面提供支撑服务，累计发放企业稳岗补贴、社保补贴、返还失业保险等 1.46 亿元。注重各类表彰、评先创优活动向试点企业、产业工人倾斜。2020 年，在上海市劳模先进评选活动中，杨浦区获奖者中的民营企业、产业工人占表彰总数 65% 以上。成立“劳模名师辅导团”，每年为产业工人中的特困家庭优秀子女进行免费升学辅导，使之高考升学率达 99%，使困难产业工人的子女享受到优质教育资源。

实施三年行动计划 扩大公共服务覆盖面

上海市闵行区推进产业工人队伍建设改革领导小组办公室

作为上海市先进制造业大区、产业工人集聚区，上海市闵行区共有产业工人 31.84 万人，其中工业企业产业工人 21.62 万人。

为贯彻落实中央和上海市推进新时期产业工人队伍建设改革的总体要求，闵行区委、区政府以加强和改善产业工人公共服务为着力点，积极构建普惠性、保基本、均等化、可持续的产业工人公共服务体系，全面提升产业工人的获得感和满意度，为闵行区产业转型升级、经济高质量发展奠定坚实的人力资源基础。

一、高起点统筹规划，开展八大工程建设

2018 年 7 月，闵行区委、区政府结合区域特点，制定出台了《加强产业工人公共服务三年行动计划（2018—2020 年）》，提出了“产业工人素质技能提升工程”“产业工人就业服务保障工程”“产业工人住房保障改善工程”等 8 大工程共 22 项具体措施，并落实了相应牵头单位加以贯彻实施。

同时，该计划明确了公共服务领域 6 项主要指标，包括“职业技能培训人数 9 万人次”“劳动争议案件工会参与率达 30% 以上”“区医联体 10 个”3 项预期性指标，“新增社会租赁房数 3 万套”“为产业工人配送文化产品 10 场”“新增体育场地设施面积 15 万平方米”3 项约束性指标。

二、高标准推进实施，聚焦四项重点领域

闵行区总工会每年牵头制定公共服务改革任务清单，加强重点项目跟踪督查，并细化具体措施和进度安排，确保重点改革任务顺利推进。

针对产业工人关心、关注的技能提升、住房保障、交通出行和教育医疗等公共服务领域问题，闵行区总工会协同相关部门，聚焦企业集聚的虹桥商务区、闵行经济技术开发区、紫竹高新区、莘庄工业区四大园区的产业工人公共服务需求，实施开展了“闵行区打响‘上海制造’品牌——培育当代工匠”“关于共同加强产业工人队伍公共服务领域有效覆盖”“产业工人住房状况及租赁需求”等多项专项课题调研。该调研的调研范围累计覆盖104家企业共3751名产业工人，有效地推动了公共服务相关政策措施落地生效。

三、高水平合作联动，建立多元参与机制

为形成改革合力、打好组合拳，闵行区充分发挥各类市场主体、社会组织和社会各界作用，积极引入社会力量参与公共服务。

在职业技能提升方面，依托地方教育附加专项资金，引导和支持行业协会和龙头企业举办或参与举办各类职业教育和培训活动，支持有培训能力的企业自主开展职业培训。

在文化、体育服务方面，充分利用全区企业文化展馆、社会博物馆等可供职工参观学习的资源，2018年推出首批8家文化体验基地，2019年推出8家体育体验基地。目前，已有文化、体育体验基地20家。

在劳动权益保护方面，构建工会、人社、司法、法院“4+X”职工维权工作机制，开展“百千万职工法律服务行动”，引导专业律师等社会力量参与职工法律服务。

通过实施《加强产业工人公共服务三年行动计划（2018—2020年）》，扩大了面向产业工人的公共服务覆盖面。把产业工人队伍建设纳入本区区域联动发展格局，逐步构建起面向园区产业工人的公共服务覆盖网络。2018年至2021年6月，全区累计给11万人次进行了职业技能培训。其中，技能等级培训比例达到80%以上；为产业工人配送文化产品20场；新

增体育场地设施面积 11.51 万平方米；新增社会租赁房 2.43 万余套，2022 年底预计达到 5.05 万余套。

推动了公共服务政策向产业工人倾斜。加大公共租赁住房保障等公共服务政策向重点领域产业工人特别是高技能人才的倾斜力度，有效推动了与闵行产业体系相适应的产业工人队伍建设，深入促进了区域人力资源和公共服务协调合作。

提升了产业工人对公共服务的获得感和满意度。聚焦产业工人关心、关注的热点问题，精准对接产业工人需求，促成了园区医疗服务站和公共交通线路站点的优化布局，推动了区内职业技能培训相关政策的修订完善，让产业工人能够享受到更多实惠，全面提升产业工人的获得感和满意度。

以“五化联动”促“产育融合”高标准、高质量推进产业工人队伍建设改革

浙江省宁波市产业工人队伍建设改革联席会议办公室

近年来，宁波市紧扣“忠实践行‘八八战略’、奋力当好‘重要窗口’模范生”的使命担当，积极探索产业发展与产业工人培育深度融合模式，高站位谋划、高标准落实、高质量推进，全力打造产业工人队伍建设改革“宁波模式”。

一、系统化谋篇布局，画好改革工作“路径图”

（一）强化整体统筹。宁波市委高度重视，高标准制定《新时代宁波产业工人队伍建设改革实施方案》。市委主要领导亲自领题调研，主持召开产业工人队伍思想政治工作座谈会，多次作出批示、指示。市委分管领导领衔建立联席会议制度，对高质量抓好产业工人队伍建设改革工作作出具体指示。宁波工会积极发挥牵头协调作用，实行专班运作，确保各项改革任务落实、落地。

（二）强化协同推进。宁波市 25 个部门各负其责，建立定责任、定任务、定期限和信息互通、研究互商、调研互联“三定三互”工作机制，出台保障产业工人的政策制度 40 余项，推动形成“统一调度、部门协同、齐抓共管、高效运行”的工作格局。坚持市、县、乡、企“四级联动”，组织召开座谈会、现场会、培训会 40 余场，全链条打造工作闭环。

（三）强化探索破题。坚持破立并举，在浙江省率先探索企业案例化推进机制，培育形成雅戈尔“四心工程”、方太“四化工程”等一大批鲜活案例。浙江省民营企业产业工人队伍建设改革工作现场推进会在宁波方太召

开。“新时代产业工人队伍建设改革”入选宁波市直机关“三服务”活动十佳服务机制。

二、精准化靶向发力，把牢思想引领“定星盘”

（一）以政治引领固根基。出台《关于进一步加强工会组织推优入党工作的意见》等文件，2020年推优入党2274名。《宁波市加强产业工人推优入党工作》中的经验做法被中组部办公厅主办的《组工信息》刊发。

（二）以思想引领聚共识。组织庆“五一”国际劳动节暨劳模先进表彰大会，深化“中国梦·劳动美”主题宣传活动，开展“我心向党”宁波职工红色走读“六个一”系列活动，引导产业工人学习党史、坚定理想信念。

（三）以文化引领汇合力。充分发挥职工文化阵地作用，组织职工读书节、文化艺术节等活动，更好地满足产业工人的精神文化需求。宁波市总工会获评浙江省唯一的“全国职工主题阅读活动”优秀组织奖。

三、多元化搭建平台，打出素质提升“组合拳”

（一）劳动竞赛提技能。深入开展劳动和技能竞赛活动，打造开放、共享的技能提升阵地，每年实施技能竞赛和技能培训“双千”行动，不断拓展产业工人成长发展路径，惠及产业工人2万余人次。

（二）健全机制助成长。出台宁波市职业技能提升“1+X”系列政策，推动各技工院校与近700家企业达成产教融合合作协议，大力推进社会化培训、以师带徒培训、项目制培训和新型学徒制培训。截至2020年底，宁波市技能人才总量已达180.15万人，高技能人才达55.13万人。

（三）科学评价促发展。出台《宁波市技能人才自主评价办法（试行）》，推动建立以社会化评价为主体、企业自主评价为重点、职业院校评价认定和“以赛代评”认定等为补充的技能人才认定评价机制。

四、常态化综合施策，拓展权益保障“新路径”

（一）政治上保障。提高“两代表一委员”中的产业工人名额比重：各级党代表中，产业工人占6%；市人大代表中，产业工人占11.1%；增补2名产业工人代表作为总工会界别政协委员，占界别委员的12.5%，均较往届有大幅提升。

（二）源头上推进。2020年，宁波市制定、修改产业工人队伍建设改革相关法律、法规、政策36项，推动完善劳动关系法规、政策。健全企业民主管理制度，宁波市推广“职工说事”，探索“网上职代会提案”等特色做法，推动产业工人积极投身企业治理。

（三）权益上维护。创新开展调、裁、诉联动化解机制建设，推动劳动争议化解“最多跑一次”“最多跑一地”的政策实施。出台《宁波市尘肺病防治攻坚行动实施方案》，开展百万产业工人消防和技能提升行动，推进工伤事故预防联动机制建设，保障产业工人的生命健康权益。

五、集成化整合资源，当好暖心服务“贴心人”

（一）抓就业、稳队伍。聚焦“六稳”“六保”工作大局，大力开展“春风行动”就业援助月活动，打造24小时线上招聘大厅，发动企业开展线上“云招聘”超千场，推动产业工人充分就业。

（二）优制度、助脱困。出台《关于推进新时代社会救助体系建设的实施意见》，修订《宁波市困难职工档案管理实施办法》，为推进困难职工解困脱困提供制度保障。深化职工医疗互助保障，累计参保职工1500万人次，先后向84万人次给付保障金7.4亿元。推出普惠型补充医疗保险“工惠保”。其中，保障门诊、特诊及住院期间的癌症处方外配自费用药系全国同类产品中首创。

（三）强联动、优服务。大力实施“甬上乐业”新政计划，进一步扩大住房保障范围、优化外来劳动者落户举措、放宽外来劳动者子女医保参保限制、统筹优化外来劳动者子女入学政策、推进技能等级和职称等级的贯通、深化“宁波无欠薪”行动，逐步实现外来劳动者共享就业、安居、落户、医疗、子女教育等方面的基本公共服务，切实提高产业工人的获得感。

“棋眼”落子 “近水”解渴 “四维度”发力推进产业工人队伍建设改革工作落地、落实

浙江省湖州市吴兴区产业工人队伍建设改革工作协调小组

浙江省湖州市吴兴区委、区政府高度重视新时代产业工人队伍建设改革，从“先行先试、领先领跑、双竞双新、全面全域”四维度发力，做深做细“提、重、育、立”四方面工作，有力、有效推进产业工人队伍建设改革试点工作落地、落实。

一、突出先行先试，“提”职工技能

（一）提制度保障基础。吴兴区委、区政府先后印发了《关于推进新时代产业工人队伍建设改革的实施方案》《关于进一步促就业稳就业 高质量提升技能人才队伍建设实施意见》《吴兴区实施新时代人才强区战略服务 高质量赶超发展的若干意见》等，完善产业工人技能培训、技能提升、技能竞赛、技能晋级、技能人才培育“五位一体”制度。落实协调小组成员单位工作职责，明确成员单位年度任务，先后召开全区工作现场会、推进会、培训会，确定17家试点企业，合力推进产业工人队伍建设改革工作。

（二）提氛围助推工作。设立“吴兴工匠日”——以全国先进工作者、吴兴“新时期铁人”王启民被授予“人民楷模”国家荣誉称号的日子9月29日为“吴兴工匠日”。凝练推出16字“吴兴工匠精神”——精益求精、持之以恒、爱岗敬业、守正创新，彰显吴兴产业工人队伍建设改革的时代气息。

（三）提技能完善培训。职工维权帮扶中心入驻区镇矛盾调解中心，形成具有吴兴特色的产业工人维权服务“三一”闭环工作模式，实现产业工人的急事、难事、维权事解决“只进一扇门、最多跑一地”；新建探索“工会智慧+”功能的“吴兴区职工服务活动中心”，并在省级特色小镇“美妆小镇”“丝绸小镇”分别建设“美妆小镇工会家”“丝绸小镇工会家”等新型产业工人培训服务阵地；在织里镇建设了直通企业车间，打造开展产业工人思想政治引领的“车间好声音”广播宣讲平台；在150家企业建立了“三一重工焊接学校”等培训点，织就“区—乡镇（街道）—特色小镇—企业”四级联动培训网络；每年组织区、乡镇（街道）、企业三级产业工人技能大赛100场，3000人实现晋级，1.5万人获得了技能培训。

二、突出领先领跑，“重”人才培育

（一）“加法”引才。制定《吴兴区实施22311技能人才培养工程及建立企业职工技能人才奖励制度》，确定焊工等26个制造业技能人才奖励职业（工种）。明确对晋升初级工、中级工、高级工、技师、高级技师的产业工人奖励标准分别为300元、500元、1000元、2000元、4000元。自2019年起，相关奖励资金均由区委、区政府承担，并对晋升初级工、中级工、高级工的产业工人奖励金额分别提升至800元、1000元、1200元。对在市、省、全国职业技能大赛中获奖的产业工人，分别奖励1000元、2000元、5000元；对获评浙江“金蓝领”的产业工人奖励4000元，对获评吴兴技师的产业工人奖励5000元，对获评吴兴工匠、湖州工匠的产业工人奖励1万元。

（二）“减法”聚才。主动上门宣传产业工人技能晋级奖励制度和申报工作，提高该制度和工作在企业和产业工人中的知晓率；企业对产业工人所提供的申报证明材料进行初审并公示，乡镇街道总工会代跑申报手续，做到产业工人申报奖励资金“跑零次”。截至2021年6月，吴兴区每万名产业工人中有技能人才3425名、高技能人才987名，建有省市级大师工作室31家，有省级高层次领军人才6名，有南太湖“特支计划”人才、湖州工匠等25名。

（三）“乘法”育才。吴兴区委、区政府3年拿出3500万元用于产业工人技能培训。激励政策提档升级，做到对产业工人技能提升奖励再加码、对技能人才生活保障再加力、对技能大师工作室培育再加奖、对企业建立职业技能等级认定体系建设再加劲，建立健全产业工人终身培训制度。截至2021年6月，吴兴区有10家企业建立了产业工人职业技能等级认定体系，实现产业工人技能提升“近水”解渴。

三、突出双竞双新，“育”匠心匠人

（一）“四重一新”品牌化。积极组织重大工程、重大项目、重点小镇、重大活动、新经济业态领域的立功竞赛活动，推动重点工程立功竞赛参赛率达到90%以上。持续做强劳动竞赛推优机制，先后组织技能比武200余场次，为一等奖选手颁发技师证书、授予“吴兴区首席技师”荣誉称号；结合农民工技能提升需求，组织了民宿业主劳动竞赛、茶艺师大赛等。成功承办“2020年浙江省安全生产监督检查比武竞赛暨执法规范化建设推进会”，举办2020年“美·约”长三角美妆大赛，放大特色小镇技能大赛的品牌效应。

（二）“大众创新”效益化。深入开展群众性“五小”劳动竞赛活动，企业开展率和产业工人参与率均达到80%以上。制作300个金点子收集箱，安装至重点企业的生产区和生活区。近年来，吴兴区总工会收到合理化建议9700多项，采纳913项，创造的经济效益超亿元。

（三）“平台创新”专业化。积极发挥18个省市高技能人才（劳模、工匠）创新工作室以及8个市级创新创业基地的作用，结对、帮带400名徒弟，攻克多个技术难题。创新开设“匠新吴兴”技能宣讲微课堂，制作并播出宣讲视频 40 个。

四、突出全面全域，“立”时代标兵

（一）注重思想引领。在非公企业实施“红色工匠”培育活动，3 年内培育 32 名党员产业工人为技术能手、将 32 名技术能手推优入党。推出“工人驿站”“吴兴工惠”等系列互动服务，新建“工人驿站”51 家。

（二）注重培育先进。2019 年以来，吴兴区产业工人获评“浙江工匠”1 名、“浙江金蓝领”5 名，夺得省网络安全技能竞赛、农业职业技能大赛等个人一等奖 6 个。认真做好劳模、工匠等选树工作，完善落实推优机制和政策待遇。

（三）注重宣传典型。通过组织开展劳模“三进”服务活动、“劳动光荣　创造伟大——主流媒体进重点建设立功竞赛项目”系列宣传活动、“唱响吴兴区劳动者之歌”文艺活动等，大力弘扬劳模精神、劳动精神、工匠精神。

打造“蓝领创新”品牌
促进产业工人素质提升

安徽省合肥市推进新时代产业工人队伍建设改革协调小组办公室

安徽省合肥市认真贯彻落实中共中央、国务院印发的《新时期产业工人队伍建设改革方案》和省、市实施意见，围绕改革发展所需，贴紧产业工人所盼，着眼工会组织所能，通过开展三项特色工作，着力打造工会“蓝领创新”品牌，有力地促进了产业工人队伍整体素质的提升。

《工人日报》先后在头版头条以《一座城市的“蓝领创新”实践》《合肥：满城尽展创新旗》《登上“合肥工匠”号，出发》为题发表专题文章，对合肥市“蓝领创新”活动进行深度报道，在全国产生广泛影响。

一、以职工技术创新成果评选为抓手，激发产业工人创新创效激情

近年来，职工技术创新成果评选坚持面向基层、面向职工，极大地激发了职工群众参与技术创新的热情，蕴藏在职工中的巨大创造力得以充分发掘，为合肥经济高质量发展提供了重要支撑。

2010年，合肥市政府出台《合肥市职工技术创新成果奖励办法》（以下称为《办法》），设立职工技术创新成果奖，由政府表彰、工会运作，开全国之先河。2015年、2018年先后两次修订《办法》，将激励标准由原先的特等成果8万元、一等成果5万元、二等成果3万元、三等成果1万元、优秀成果3000元，大幅提高至20万元、15万元、10万元、5万元、2万元。

2020年，合肥市政府再次修订《办法》，整合职工技术创新成果评选、职工“五小”活动创新成果评选、职工职业技能竞赛三项活动，重新印发《合肥市职工创新成果评选和职业技能竞赛办法》，确定从2021年开始，三

项活动每年组织开展一次，进一步激发了广大职工创新创效热情。

自开展评选工作以来，申报数和评选数逐年攀升。第一届收到申报项目 1500 余项、推荐市评项目 320 项；第六届（2020 年）收到申报项目 5600 余项、推荐市评项目 1500 项。创新成果的质量较高，其中获评第六届、第七届“海峡两岸职工技术创新成果展”金奖 6 项，获评安徽省首届十大职工优秀技术创新成果 1 项，获评安徽省职工技术创新成果评选一等奖 1 项、二等奖 1 项、三等奖 2 项。大批优秀职工涌现，项目牵头人中有 2 人获评“安徽省劳动模范”，5 人获得“安徽省五一劳动奖章”，8 人获评“合肥市劳动模范”，35 人获得“合肥市五一劳动奖章”，642 人获评“合肥市金牌职工”。

二、以“合肥工匠”选树工作为引领，弘扬劳模精神、劳动精神、工匠精神

为培育职工创新竞赛先进典型，从 2017 年开始，合肥市总工会开展“庐州工匠”评选活动。起初，由于是工会独家组织，评选数量不多，亦无激励措施，评选活动的社会影响力不大，职工参与的积极性不高。为进一步提升工匠典型培育层次，增强对职工的吸引力，2019 年，合肥市政府与市总工会第十九次联席会议研究决定，自 2020 年起，每年从产业工人中选树 10 名“合肥工匠”和 10 名“合肥工匠”提名人，由市政府命名、市总工会组织实施。同时，给予“合肥工匠”获得者一次性 2 万元的物质激励、列入市级劳模评选对象的荣誉激励；给予“合肥工匠”提名人一次性 5000 元的物质激励、授予“合肥市五一劳动奖章”的荣誉激励。

2020 年和 2021 年，合肥市连续开展了两届“合肥工匠”评选活动，共评出了 20 位“合肥工匠”和 20 位“合肥工匠”提名人。这些工匠均为一线产业工人。“合肥工匠”的评选使一批富有创新精神和创新能力的行业技术标兵、区域创新能人从幕后转向台前，为合肥培育造就了一支规模大、素质优、技艺精的工匠人才队伍。这为选树江淮工匠和大国工匠奠定了基

础，在全社会营造了尊重人才、尊重劳动的良好风尚。

三、以创新工作室创建为依托，发挥劳模工匠示范引领作用

2018 年之前，合肥市共创建、命名了 85 个市级、11 个省级、1 个国家级示范性劳模（工匠）创新工作室。为充分发挥创新工作室的作用，2019 年合肥市总工会出台了《关于推进劳模和蓝领创新工作室建设的意见》，提出“选优示范、持续注能、三年树百”的创建标准化创新工作室的思路和目标。分两类创建：由劳模领衔的为劳模创新工作室；由非劳模人员领衔的为蓝领创新工作室。

选优示范。以“七有”（有创新骨干作为领衔人、有结构合理和相对稳定的创新团队、有创新目标和制度、有满足功能的场地、有必要的设备设施、有创新成果和示范效应、有内容介绍和展示）为必要条件，从已命名的三级劳模（工匠）创新工作室和新申报的创新工作室中，优选、命名具有示范引领性的标准化劳模或蓝领创新工作室。

持续注能。市总工会连续三年给予每个标准化创新工作室每年 3 ～ 5 万元的项目经费补助。三年后，如工作室仍在发挥作用，经过重新申报确认后，再继续给予经费补助支持。

三年树百。自 2018 年起，市总工会每年选树、命名标准化创新工作室不少于 30 个，力争三年选树命名 100 个。截至 2021 年 6 月，合肥市已选树命名 68 个劳模、蓝领创新工作室，涵盖培训服务型、技术攻关型、科研创新型、技能传授型等 5 大类型。这些创新工作室共取得创新成果 300 余项，进行创新成果转化 200 余项，开展示范性培训活动 1000 余场，培训创新骨干 3 万余人次。

经过几年来的持续发力，合肥市形成了形式多样、内容丰富的创新工作室群类。这些创新工作室为职工开展创新实践活动提供了平台，充分发挥了职工创新“牵引机”的作用。

工匠年薪制
激活产业工人队伍建设改革一池春水

安徽省淮北矿业集团

安徽省淮北矿业集团始建于1958年，是安徽省直属企业，现已发展成为以煤电、化工、现代服务为主导产业的大型能源化工集团，在岗员工5万人。

2017年7月，淮北矿业集团启动了工匠建设行动计划，对工匠大师、工匠实行年薪制待遇，引起了强烈反响，激起了“涟漪”，更激活了企业产业工人队伍建设改革的一池春水，使得一大批高技能人才脱颖而出，为企业高质量发展提供了坚强的智力支撑和人才保障。

2020年，淮北矿业集团位列中国煤炭企业50强第16位，连续两年跻身长三角三省一市百强企业榜，为城市高质量转型发展注入了强大的动能。

一、加强顶层设计，实施工匠建设行动计划

为深入贯彻落实习近平总书记关于产业工人队伍建设改革的重要指示和党中央重大决策部署，扎实推动产业工人队伍建设改革走深走实，集团制定出台了《淮北矿业关于加强新时期工人队伍建设的实施意见》《淮北矿业2017—2020年工匠建设行动计划》，把技能人才队伍建设摆在与管理、技术人才队伍建设同等重要的位置，统筹推进、整体开发。2017年以来，集团已评选表彰16名工匠大师、98名淮北矿业集团工匠。

（一）在政治上关心。技能工人的优秀代表方国胜、杨杰、王忠才接连当选党的十七大、十八大、十九大代表。其中，杨杰当选十三届全国人大代表，被集团聘为高级工程师。凡被评选为工匠大师、工匠的以及在国家

级、省级技能大赛、技术比武中获奖的，可被优先推荐为省、市劳动模范，可优先申请重大人才工程项目、大师工作室等技能培训类资助项目，可优先被推荐为行业级、省级、国家级工匠。

（二）在工作上支持。每年分别给予工匠大师工作室、工匠工作室 5 万元、3 万元的活动经费，用于培训、教材开发、师带徒、技术交流、科研攻关等支出。已经建设了矿井机电、通风、设备修造等 10 余个工匠大师工作室、工匠工作室，这些工作室为企业培训技术工人 2 万余人次。淮北矿业集团工匠大师工作室荣获“全国工人先锋号”。

（三）在经济上倾斜。集团对工匠大师、工匠聘期内分别给予不低于 20 万元和 15 万元的年薪待遇。2020 年底，为进一步突出对高技能人才的重视，将工匠大师、工匠的年薪标准分别调整到不低于 25 万元、20 万元。这极大地增强了优秀人才的荣誉感和自豪感，激发了广大职工的创新创造热情。

二、打造工匠文化，充分发挥工匠辐射作用

将杨杰、王忠才等 8 位工匠大师调入煤电技师学院、综采安拆分公司，成立工匠大师工作室，并从各矿选拔精兵强将，为每名工匠大师配备 60 名左右的优秀技能人才，组建 8 个工匠大师团队。

（一）创办“匠校”，着力打造人才成长的“孵化器”。开办以工匠大师名字命名的“冠名班”，以工匠大师为带头人，积极开展“名师带徒”活动，紧紧围绕精准培训、科技攻关、专著出版、微视频制作、疑难问题诊断处理、工匠精神弘扬等深入开展工作。

（二）发挥“匠智”，着力打造攻克技术难题的“尖兵连”。充分发挥工匠大师及其团队的集成优势，针对制约矿区安全生产的重大技术难题，组织、开展科研攻关。

（三）施展“匠能”，着力打造解决现场问题的“轻骑兵”。工匠大师团

队实行机动作战，哪里有需要就往哪里去，哪里有问题就往哪里跑，重点解决各矿难以自行解决的疑难杂症。

三、创新体制机制，拓宽职工成长成才渠道

（一）改进技能等级评价工作。建立以实操能力为核心的优秀技能人才技能资格越级申报、技能等级直接认定制度：获国家级技术比武前 10 名的，直接认定为高级技师；获省级技术比武前 6 名的，直接认定为技师；获市、集团公司技术比武前 3 名或在省级及以上技术比武名次的，可直接申报技师或高级技师。打破技能等级聘任“终身制”，对在岗技师、高级技师下达课题攻关和带徒任务，并开展绩效考核评价；对表现突出、工作能力强的技术骨干，破格给予高聘；对不能胜任和无法完成任务的予以低聘或解聘，使高技能人才能上能下、能进能出。

（二）实行技能等级津贴制度。扩大技能津贴奖励范围，提高技能津贴标准。对首次取得中级工、高级工、技师、高级技师的员工按照 500 元、1000 元、2000 元、3000 元的标准给予一次性奖励；对“一人多能”的复合型人才，每多取得一个中级工、高级工、技师、高级技师技能资格证书，分别给予 500 元、1000 元、1500 元、2000 元的一次性奖励。

四、持之以恒推进，工匠建设行动计划结出硕果

经过持之以恒、坚持不懈地推进，工匠建设行动计划成效显著，硕果累累。杨杰、扣红卫、王忠才荣获全国劳动模范称号，进入中国导师资源库；谢彪荣获江淮杰出工匠称号。近 30 名一线职工在省级及以上技能竞赛中取得优异成绩。

工匠大师工作室运行以来，不断提炼总结经验，汇编出版了工匠大师专著，如出版了《煤矿疑难技术问题大师方案》系列专著，取得了各类技术革新成果 300 多项。其中，1 项达到世界先进水平，2 项填补全国煤炭行

业空白，累计创造经济效益 8000 多万元。工匠大师工作室累计解决现场技术难题和故障 180 余项，获得专利近 40 项，总结提炼经典案例 200 余项，编制《智能化开采技术》《煤矿高低压电气设备》等培训教材 10 部。

杨杰工作室荣获全国劳模创新工作室、国家级技能大师工作室称号；扣红卫工作室荣获国家级技能大师工作室、安徽省劳模创新工作室称号；王忠才工匠大师工作室被评为“中国长三角地区劳模工匠创新工作室”；谢彪工作室荣获安徽省技能大师工作室称号。

搭建四个平台
推动产业工人队伍建设改革落地、落实

福建高速集团漳州管理分公司

福建高速集团漳州管理分公司隶属福建省高速公路集团有限公司，负责漳州市辖区已通车高速公路的统一运营管理，现管辖高速公路主线里程682.56千米，管辖征管所48个，现有员工1400多人。

面对高速公路转型升级、高质量发展的新形势、新任务，福建高速集团漳州管理分公司积极应对、主动作为，根据企业自身性质和特点，积极搭建四个平台，创新发展机制，拓宽发展空间，推动产业工人队伍建设改革落地、落实。

一、搭建生产经营管理平台，提升产业工人积极性

（一）深化机构改革，提升管理效益。以漳州高速公路“一市一实体公司”整合改革为新起点，深化运营管理机制改革，先后组建成立漳州高速公路清障服务中心、漳州高速公路应急抢险中心和漳州高速路网中心，不断优化资源配置，提高运行管理效率。

（二）完善激励机制，提高运营水平。根据集团经营业绩考核方案，结合工作实际，修订完善成本对标指标方案，开展所属各基层单位对标指标考核；对所属各单位（部门）、各专业公司年度经营绩效考核办法进行再修订，进一步提高工作效率；印发《养护中心工勤技能人员工资分配办法》，进一步完善工资收入分配制度，建立健全员工激励机制；加强一线人员定额管理，优化人员配置，实现有序、高效的动态管理，促进降本增效。2020年下半年，征收通行费12.52亿元，完成集团下达预征目标11.66亿

元的 107.4%；四个专业公司实现营收 3.05 亿元，净利润 2130 万元。虽受新冠肺炎疫情影响，2020 年该公司仍然实现净利润 2.52 亿元。

二、搭建职业技能培训平台，提升产业工人竞争力

（一）注重职工技能培训，增强队伍素质。全面推行企业新型学徒制度，通过建立“导师带徒”人才培养机制，挑选业务骨干，抓好“传、帮、带”工作；制定年度教育培训计划，全面开展技能培训，先后开展“新收费模式下的各项征费业务培训”“机电协管员培训”等专项技能培训共计 18 期，组织 140 多名专业技术人员进行网上继续教育活动，鼓励员工进修学习；搭建网络学习平台，开展各类网络培训 57 次，促进职工提升各项业务知识的掌握能力，营造浓厚的学习氛围。

（二）紧抓岗位练兵，锻炼实战能力。深入开展技能比武、劳动竞赛、岗位练兵等活动，提高职工技能素质。2020 年 9 月，参加福建省总工会和集团联合举办的网络安全技能竞赛，获团体第三名的好成绩。联合交警、消防部门开展防汛抢险抢通保障应急演练，提高应急抢险能力；开展养护高压清洗机应用技能比赛、ETC 拓展竞赛，提升队伍整体战斗力；各片区举办技能比武、技能培训、联网收费业务培训、临时收费员岗前培训等活动 34 场次，共 784 人次参与。

三、搭建职工创新创效平台，提升创新成果转化率

通过制定、完善职工金点子评选办法、技术能手评选办法、公司创新管理办法等，鼓励职工紧紧围绕节能减排、提高质量效益等开展技术革新、技术改进、发明创新，调动职工创新、创造的积极性。

近 5 年来，公司共申报福建省百万职工“五小”创新成果 44 项。其中，自主研发的“ETC 不停车收费便携机”在高速系统内、漳州各银行成功推销 25 台，实现 ETC 业务在服务区、社区、银行等公共场所实时办理，

为实现年度 ETC 拓展攻坚目标发挥了重要作用。

积极开展以技术创新、管理创新、理念创新、机制创新为重点的群众性创新创造活动，鼓励引导职工积极参与“海峡两岸职工创新成果展”、福建省百万职工“五小”创新大赛、漳州市职工“五小”创新大赛等。2020 年，公司 3 项实用新型专利获得国家知识产权局的授权。截至 2021 年 6 月，公司已获 6 个专利授权，另有 6 项创新成果正在申请专利;《基于隧道光纤光栅感温火灾报警系统增设实时温度采集子系统》项目获福建省“五小”创新竞赛三等奖；自有品牌“高速先生”获五大类商标注册证书。

四、搭建产业人才发展平台，提升职业晋升推进力

（一）优化人力管理，拓展职业发展空间。通过实施人事管理与职工劳动管理相区分的双轨管理体制，不断优化人力资源管理制度，拓展产业工人的发展空间。2020 年，通过知鸟平台线上理论考试及线下实际操作“双结合竞聘模式”，招聘 409 个工勤技能岗位人员，实现岗位聘任规范管理;采取考核加竞聘方式，择优聘任 66 位专业技术人员，为 7 位大学生办理专业技术职务资格确认，为 12 位大学生办理专业技术职务资格评审，为 27 人办理学历、学位变更工作;通过降低年龄、学历等竞聘条件，竞聘选拔 18 名优秀人员到基层征管所（站）的管理岗位工作，为老员工晋升创造机会。

（二）打破流通壁垒，健全人才发展机制。开展校企共建，为漳州科技学院 28 名在校生提供实习机会;招聘 89 名劳务外包辅助收费人员，盘活收费人员结构，实现灵活用工;公开招聘 11 名管理及技术人员充实到公司资产投资部、专业公司职员岗位以及养护中心、机电维护中心技术员岗位;大力弘扬劳模精神、劳动精神和工匠精神，增强“1+1 群”效应。2020 年 9 月，以王清全命名的劳模工作室被福建省总工会授予“省级劳模工作室”荣誉称号;公司职工韩惠娜带领烘焙团队反复摸索实践，推出“高速先生”系列产品，其个人获第七届“最美中国路姐”入围奖。

综合施策全面推进　打造产业工人队伍建设改革“江铜样板”

江西铜业集团有限公司

江西铜业集团有限公司（以下称为“江铜集团”）成立于1979年，是中国有色金属行业特大型集团公司，其阴极铜产能世界第二、中国第一，是中国铜行业和江西省首家世界500强企业。江铜集团现有员工2.4万余人，其中一线产业工人12435人，高级工以上的高技能人才2316人，占产业工人总数的19%。

2020年，江铜集团被江西省推进新时代产业工人队伍建设改革协调小组确定为全面试点单位。

一、突出三个强化，让产业工人在思想政治上有方向、有地位

（一）强化思想引领。制定出台《江铜加强和改进新时代产业工人队伍思想政治工作的实施方案》，大力开展内容丰富、形式多样的主题教育实践活动，引导产业工人坚定不移听党话、矢志不渝跟党走，争做新时代的最美奋斗者。

（二）强化典型示范。坚持面向一线、面向基层，做好劳模先进的选树、推荐、表彰工作。2020年，江铜集团有1人荣获“全国劳动模范”，7人荣获“江西省劳动模范”，2人荣获“全国有色金属行业劳动模范”，获评江西省劳模数量创历史新高。积极开展劳模先进宣讲活动，着力打造“江铜因你而精彩”宣传品牌，引导职工学有榜样、赶有目标，立足岗位作贡献。

（三）强化政治激励。制定出台《江铜党委2020—2024年发展党员规

划》《江铜基层党支部建设指导意见》，有序推进解决一批“党员空白”班组问题，提高产业工人在一线党支部支委的任职比例。将一线职工在职工（会员）代表中的比例从50%提高至60%，加大产业工人参与民主管理的力度。坚持和完善职工董事、职工监事制度，鼓励产业工人代表有序参与公司治理。

二、深化三个打造，让产业工人在技能提升上有载体、有平台

（一）打造学习平台。探索建立江铜集团“网上练兵”系统，通过多种寓教于乐的学习形式，吸引职工学习专业知识和业务技能。2020年，共有4000余名职工参加了12个工种（专业）的“网上练兵”，闯关答题10余万次，7万余人次观看了“工匠课堂”、创新成果展示，在集团形成了浓厚的“比、学、赶、超”氛围。

（二）打造竞赛平台。以打造奥林匹克技能比赛为重点，进一步完善了“培训—练兵—竞赛—晋级—激励”五位一体的技能竞赛机制，将技能竞赛打造成了职工技术交流的大舞台、技能提升的大平台、人才辈出的大品牌。2020年，3000余人参加了各层次的培训和岗位练兵，179名选手参加了6个工种7个组别的技能比赛，共赛出“江西省五一劳动奖章”获得者1名、“江西省技术能手”18名、“江西省青年岗位能手”14名、“巾帼建功标兵”1名。组织参加全国技能大赛，6人被授予“有色金属行业技术能手”荣誉称号。

（三）打造创新平台。建立和完善以劳模创新工作室、科研项目攻关、“讲理想比贡献”活动、自主管理、合理化建议、QC活动、青年创新创效、先进操作法等为载体和内容的产业工人创新体系。目前，江铜集团有“全国示范性劳模和工匠人才创新工作室”1个、省级创新工作室7个、公司级创新工作室17个。

2020年，江铜集团各级劳模（工匠）创新工作室共实施技术攻关、技

术创新126项，创效6000余万元；各单位发布自主管理（“五小”）成果1877项，其中42项优秀成果获公司表彰；征集“强管理、降成本、促发展”合理化建议2369条，评出“金点子”100个；组织开展第三届“双创”全员创效奖评比，评出优秀项目148个，创效6912万元；“夏小钦颚式破碎机静齿板快速更换法”等4种操作法被命名为公司先进操作法。

三、创新三个拓展，让产业工人在职业发展上有激励、有通道

（一）拓展产业工人职业发展通道。探索建立员工职位体系，制定下发《员工职位体系管理办法》，设置4个职位序列、16个职级，形成职级“能上能下”的良性流动机制，极大地激发了员工的主动性、积极性、创造性。2020年，公司申报技能等级评价的人数比2019年增长了79%。

（二）拓展产业工人技能等级晋升通道。重新修订职业技能等级评价标准，制定江铜集团开展职业技能等级认定工作的方案。2020年，完成《江铜集团职业（工种）目录清单》的梳理，涵盖127个职业、182个工种。积极向江西省人社厅申请技能等级认定试点，取得了20个工种的认定试点资格。2020年，共有9家单位、1096人报名参加技能人才自主培养与评价。其中，高级技师84人、技师116人、高级工716人、中级工155人、初级工25人。

（三）拓展产业工人成果转化通道。坚持每两年开展创新创效奖励评选，自2016年活动开展以来，共发放奖励金2898万元，仅2020年就发放奖励金1120万元。2018年，首次开展了成果转化奖励工作，对各二级单位由产业工人负责或参与的16项成果转化项目给予了奖励，按成果转化项目当年收益5%～20%的比例，共发放收益分成720.02万元。2020年，对2019年度的30项成果转化项目进行奖励，发放奖励金800万元以上，充分调动了产业工人参与成果转化的热情，为公司高质量发展作出了突出贡献。

四、确保三个健全，让产业工人在权益维护上有支撑、有保障

（一）健全产业工人队伍合法权益维护机制。把提高产业工人的工资待遇、落实企业教育培训经费、落实女职工“六期”保护措施及经期护理费等纳入集体协商、签订集体合同的重点内容。坚持落实平等协商集体合同制度，健全劳动关系矛盾调处机制，构建和谐劳动关系。

（二）健全产业工人工资正常增长机制。深化公司产业工人工资分配制度改革，将公司现有的“岗位绩效工资制度”逐步过渡为“岗能绩效工资制度”，适当加大岗位技能在绩效考核中的权重，构建一套科学完善的对内具有公平性、对外具备一定市场竞争力的产业工人工资正常增长机制。2020 年，在新冠肺炎疫情的严峻形势下，产业工人工资水平依然保持了 3.04% 的增长率。

（三）健全产业工人职业健康保障机制。加强安全生产、职业健康和劳动保护工作，提升产业工人健康素质。全年资助职工参加互助保障计划 109 万元，给付保障金、慰问金 225.19 万元，受益职工 399 人次；全年开展健康体检近 2 万人次，并按规定为接触尘、毒作业的产业工人定期进行专项体检，建立健全职业卫生档案和劳动者健康监护档案。

培养与培训并举　打造培训基地 助推产业工人技能素质提升

九江职业技术学院

九江职业技术学院是江西省唯一的全国示范性高职院校和“双高”建设（中国特色高水平高职学校和专业建设）学校。学校充分发挥优质职业教育资源优势，围绕“产业工人素质提升”改革任务，对接九江产业转型发展需求，加强技能形成体系建设，创新培养培训模式，为九江经济社会发展提供了有力的技术技能人才支撑。

一、加强政治引领，引导产业工人传承工匠精神

学校坚持德技并修、育训结合，按照加强和改进产业工人队伍思想政治建设的改革任务，把新思想、新理念引领摆在产业工人培养、培训的首要位置。

在职业教育和职业培训课程中，融入思想政治教育，做到“课程思政”全覆盖，贯穿课堂教学、技能培养、实习实训全过程，有效提高产业工人的思想政治素养。

在人才培养和职业培训中，开设“匠心独具——工匠精神”思政课程，并出版配套教材，建设在线课程资源，弘扬劳模精神、劳动精神、工匠精神，引导产业工人心系“国之大者”、厚植“家国情怀”。

开展“劳模工匠进校园”和“思政教师进企业”活动，聘请劳动模范、技能大师兼职授课，举办讲座2800余课时，组织思政教师为企业专题讲座235场次。

二、强化能力建设，做优产业工人技能形成体系

通过基地建设、师资建设、实践条件建设、数字化培训平台及课程资源建设，不断提升培养、培训产业工人的能力水平。

借助九江产教融合发展中心的区位优势，联合九江经开区共建新时代产业工人学院，建成集生产实训、职工培训、就业创业于一体的多功能培训基地，将学校办到园区，将课堂设到企业。

不断优化师资结构。教师队伍中有享受国务院政府特殊津贴技能人才、赣鄱英才 555 工程人选、省首席技师、省技术能手等 39 人，教师领衔的省市级技能大师工作室 6 个；推动教师进行大赛指导、跟岗实习、顶岗实践和企业兼职，全面提升其职业能力。

按照“布局模拟生产现场、项目来自生产实际、过程复现工作流程、管理借鉴企业模式”的思路，校企共建“产、学、研、训”一体化的产教融合实训基地 205 个，通过强化实践教学提升产业工人的技能。

实施“互联网 + 职业培训”教学模式，建成职业培训学习与管理平台及 100 多门课程资源，根据企业学习时间不定的特点，为产业工人随时随地学习创造条件。

三、加大培训力度，实施产业工人素质提升行动

为有效赋能九江产业转型发展，学校出台《大力促进继续教育和职业培训发展行动计划》，实施产业工人素质提升行动。自开展改革以来，共培训产业工人 5.2 万余人次，进行职业技能鉴定 2.1 万余人次，有效提升了产业工人的素质和技能。

紧盯九江市电子信息、数字经济、智能制造等重点急需人才领域，开发与实施大数据工程、物联网工程、互联网营销等 6 个培训项目。

与华林金建、志骋汽车、赛得利等 19 家本地企业合作，开展新型学

徒制培训；创新“五双”产业工人培训模式，即学校、企业双主体，职工、学生双身份，学校骨干教师、企业技术能手双导师，理论教学、实践锻炼双课堂，理论考试、实操考核双评价。

积极对接企业，开展钳工、车工、铣工、机床装调维修工、汽车维修工等15个工种职业技能提升培训、岗前培训，承接企业个性化需求培训项目。

开展企业职工学历提升教育。自改革以来，为昌河汽车、检安石化等企业开设学历提升班8个，为423人实现学历提升。

四、对接产业需求，创新产业工人开发培养模式

发挥学校为产业工人队伍“造血”的功能，深化产教融合、校企合作，为企业输送高素质技术技能人才。自改革以来，在九江本地就业的毕业生有5000余人。

紧密对接地方产业发展，开展人才需求调研，根据需求调整专业设置。2020年新增专业3个，撤、停专业10个，专业设置实行动态调整，不断适应行业、产业变化。

试点推行“1+X”证书制度，获批“1+X”证书试点专业33个，构建基于“书证融通”的课程体系，培养复合型、技能型产业工人。

持续深化校企合作和人才培养模式改革，积极对接同方江新、明阳电路等152家企业，联合开展现代学徒制、订单式人才培养。现有教育部现代学徒制试点专业3个、省级现代学徒制试点专业6个、订单培养班148个。

以赛促教、以赛促改。自改革以来，成功举办全国性技能大赛3项、江西省技能大赛12项、世界技能大赛江西省选拔赛14项、江西省“振兴杯”赣鄱工匠职业技能大赛4项；获国赛奖项43项、省赛奖项141项。在金砖国家技能发展与技能创新大赛等国际赛项中，获一等奖5项。

五、培训就业联动，助推重点人群顺利转产就业

建立“培训 + 就业”模式，围绕地方产业发展规划和企业用人需求，面向就业困难群体开发培训项目，实现需求与供给的有效对接。

整合校内培训教育资源。自改革以来，面向下岗失业人员、农民工、退役军人等就业困难的重点人群，开展技能提升培训 2300 余人次，帮助他们掌握劳动技能，成长转型为新时代产业工人，顺利实现高质量就业。

为助力长江大保护，在永修县吴城镇为退捕渔民积极开展船舶驾驶员、导游、酒店管理员、电工、钳工等工种的就业技能培训，使退捕渔民“退得出、稳得住”。坚持送教上门，现已培训 15 期，培训 630 余人，得到了退捕渔民、地方政府、上级部门的广泛认可。

为就业重点群体提供推荐就业服务。按照 158 家深度合作企业的工种需求开展培训，为培训合格的人员推荐就业，既解决了企业用工难的问题，也解决了下岗人员、农民工、退伍士兵等就业重点群体的就业难问题。

创新打造“齐鲁工匠”品牌 培育新型产业工人大军

山东省新时期产业工人队伍建设改革工作联席会议办公室

近年来，山东省认真贯彻落实党中央关于新时期产业工人队伍建设改革的部署要求，坚持创新体制、机制，着力打造“齐鲁工匠”品牌，建设知识型、技能型、创新型产业工人大军，为新时代现代化强省建设提供有力的人才支撑。

一、强化技能提升，创新工匠培育机制

着眼于促进更多高技能人才脱颖而出，积极搭建平台、提供舞台，激励广大职工学技能、强素质、当工匠。

（一）聚焦“十强”产业开展竞赛，助力职工技能提升。每年组织开展80余项争先创优劳动和技能竞赛，带动各级开展各类竞赛2.69万项，参与职工超过1000万人次。成绩优异的选手被授予“山东省五一劳动奖章”和“山东省技术能手”称号；给符合条件的选手颁发相应的等级职业资格证书或技能等级证书。这些措施有力地带动了广大职工的技能提升。

（二）推进企业全员创新，助力企业高质量发展。2020年，培育省级全员创新企业50家，带动培育各级全员创新企业1621家、“工匠”人才近万名，有力推动了企业高质量发展和转型升级。

（三）积极开展技术创新活动，助力激发职工创新创造活力。大力开展职工创新创效竞赛和小发明、小创造、小革新、小设计、小建议“五小”活动，每年发布职工优秀技术创新成果5万余项，为职工岗位成才、创新创造提供有利条件。

二、强化典型引领，创新工匠选树机制

面向全省各行各业在职职工、聚焦新旧动能转换重点产业，每年培育“齐鲁大工匠”10名、“齐鲁工匠”40名。坚持竞争择优、好中选好，坚持群众公认、社会认可，自下而上、层层推荐。通过组织初审确定提名人选并向社会公开，综合专家评审成绩和公众投票情况确定入选结果并予以公示，保证了“齐鲁工匠”培育、推荐工作的严肃性，确保推选出的“齐鲁工匠”层次高、分量重、质量好。

截至2021年6月，已培育“齐鲁大工匠”30名、“齐鲁工匠”120名，带动各级培育各类工匠人才近2.83万名。5名“齐鲁工匠”被评为“泰山产业领军人才”。2018年，全国10位“大国工匠年度人物”中，山东省便有2位。

发挥“齐鲁工匠”品牌在推动企业技术创新、培养造就高技能人才等方面的示范作用，引领全省广大职工刻苦学习技能、争做工匠人才。安排专项资金1600余万元资助支持“齐鲁工匠”领衔创建劳模和工匠人才创新工作室，带动各级创建劳模和工匠人才工作室9430个，开展技术攻关和创新项目13.18万项，创造经济效益317.56亿元。

三、强化政策支持，创新激励保障机制

树立鲜明的政治导向，激励产业工人创业创新，让“齐鲁工匠”政治上有地位、经济上得实惠、社会上受尊重。

（一）保障政治待遇。把“齐鲁工匠”纳入党委联系专家范围，积极推荐其被提名为各级党代会代表、人大代表、政协委员、职工代表等人选。

（二）保障经济待遇。对“齐鲁大工匠”“齐鲁工匠”分别给予5万元、1万元的个人资助；对其领衔创建的创新工作室，分别一次性给予25万元和5万元创新资金资助。鼓励企业为“齐鲁工匠”制定职业发展规划和年资（年功）工资制度，对于解决重大工艺技术难题和重大质量问题、技术

创新成果获得省部级以上奖项、“师带徒”业绩突出的，可破格晋升技术技能等级或申请工程专业技术职称。“齐鲁大工匠”可被优先推荐申报“泰山产业领军人才”。

（三）保障社会待遇。把“齐鲁工匠”纳入劳模疗休养范围，每年组织部分工匠人才开展疗休养活动。加强技术交流合作，先后组织两批共23名“齐鲁工匠”赴台交流培训，为提升“齐鲁工匠”技能水平创造条件。

四、强化组织领导，创新工作推进机制

坚持把打造高素质职工队伍作为深化改革、服务大局的着力点和突破口，谋划实施“齐鲁工匠”建设工程，着力打造新时期产业工人队伍建设改革品牌。

（一）建立领导机制。将“齐鲁工匠”建设工程纳入山东省委人才工作领导小组统一领导的工作，由省总工会牵头实施，列入各级党委、政府人才发展规划。该做法获评第三届山东省人才工作创新优秀案例。

（二）建立推进机制。将“齐鲁工匠”建设工程纳入山东省工会年度重点工作，年初部署安排、年中督导推进。市、县两级工会广泛发动、狠抓落实，每年都在所属区域、行业内开展工匠培育活动，建立起工会牵头组织、企业主体实施、职工广泛参与、多方协同配合的工作格局，形成了省、市（产业、大企业）、县（市、区）、企业（基层）四级联动、梯次培育的良好局面。

（三）建立宣传引导机制。组织召开“齐鲁工匠”建设工程新闻发布会，与山东广播电视台联合举办“齐鲁大工匠”暨全员创新企业发布颁奖典礼；高标准打造劳模精神、劳动精神、工匠精神教育基地；持续开展“齐鲁工匠”进企业、进校园、进机关、进社区、进农村巡讲活动；组织开展劳模工匠线上宣讲活动，利用微信公众号、微博等新媒体展示“齐鲁工匠”风采，讲好“齐鲁工匠”创新创效故事。

以企业技能人才自主评价改革为抓手畅通产业工人上升通道

山东省人力资源和社会保障厅

习近平总书记指出:“技术工人队伍是支撑中国制造、中国创造的重要力量”,“要健全技能人才培养、使用、评价、激励制度”。

职业资格制度改革关系到技能人才队伍建设,关系到广大产业工人的成长和切身利益。

山东省坚持问题导向,坚决向企业放权,为人才发展松绑,在全国率先将技能人才评价权下放给企业,实行企业技能人才自主评价,打造培训、评价、使用、激励相互衔接、相互促进的技能人才培育新体制,走出了一条以企业技能人才评价权激活技能人才发展的新路子。目前,全省备案自主评价企业 408 家,自主评价技能人才 11 万余人。

一、做好“清理”文章,为企业技能人才评价“腾空间”

山东省认真贯彻落实国家“放、管、服”改革的决策部署,按照职业资格制度改革要求,坚持刀刃向内,大力开展职业资格认定清理工作,先后取消 434 项职业资格许可和认定事项。

2020 年,取消全部水平评价类技能人员职业资格认定,仅保留焊工等涉及安全生产、人民群众生命安全的准入类技能人员职业资格认定,为推行技能人才自主评价留出巨大空间。在水平评价类技能人员职业资格退出国家目录后,山东省坚持问题导向,坚持破立结合,在取消水平评价类技能人员职业资格认定的基础上,探索建立企业技能人才自主评价制度,推行职业技能等级认定,弥补了评价载体缺失问题,实现了评价的“无缝衔接”。

二、做好“放权”文章，让企业评价技能人才“说了算”

按照“谁用人、谁评价、谁发证、谁负责”原则，充分尊重企业用人主体地位，把技能人才评价权放给企业，由企业自主制定考核方案，自主确定评价范围，自主设置职业技能等级，使评价结果真正反映职工技能水平，满足企业生产需求。

在实施过程中，支持企业建立技能人才评价绿色通道，综合运用考核鉴定、考评结合、过程化评价、直接认定和破格认定等方式，允许技能人才越级晋升。

山东京博控股集团对业绩突出、技能水平卓越的员工采取跨级别破格评聘和特殊破格评聘两种方式，将 11 位获得省级技能竞赛一等奖的员工直接破格评聘为技能等级一级，兑现相应待遇，极大地激发了员工创新创造热情，真正实现了“等级怎么评、企业说了算”。

三、做好“精准”文章，让技能人才评价更具“公信力”

在企业技能人才自主评价中，支持企业根据生产实际、岗位特点，灵活制定考核标准，努力把最优秀的人才用最合适的方式评出来。泰山玻璃纤维公司立足国家职业标准，细化自主评价标准，在 10 个工种下面划分 25 个岗位、171 个小工位，建立“工位明细表”，建立岗位分类、技能等级、技能项目三维矩阵标准体系。

注重技能人才特点，坚持实干、实务、实操的评价导向，支持企业加大技能现场操作考核力度，更加注重考察技能人才的动手实践能力。兖矿集团坚持“平时怎么干，评价就怎么考”，在济二煤矿建立 1∶1 井下模拟工作面，考核设备为与井下同步的生产设备，实现了“考出岗位所需人才”目标，提升了评价公信力。潍柴集团大力开展自主评价，在理论考核内容上增加了潍柴特有题库，把实操考场放在生产车间，受到了企业与职工的一致认可。

四、做好“激励”文章，让技能人才真正“得实惠”

加强制度设计，把兑现自主评价技能人才福利待遇作为企业开展自主评价工作的必要条件，引导企业制定评价与待遇相衔接的政策措施。同时，既重物质奖励，更重精神激励，构建了待遇、荣誉等全方位激励机制，增强了技能人才的获得感、幸福感。

鲁泰纺织公司根据评聘等级，对取得自主评价证书的技能人才每月给予200~2500元的技术津贴补助。魏桥创业集团有限公司对由企业自主评价取得技能等级的技能人才实行晋升岗位时优先破格推荐提拔，并将此作为公司评选技术创新领军团队、操作技术能手、设备技术能手、节能增效奖、科研创新奖的参考依据。打通评价与激励的通道后，企业呈现技能员工流失率大幅下降、劳动生产率大幅提升的“一降一升”局面，极大地激发了企业发展的“新动能”。

五、做好“成长”文章，搭建技能人才发展“立交桥”

充分发挥评价牵引作用，坚持前端、后端共同发力，完善技能人才成长链条，实现职工培训后有评价、评价后能重用，努力让更多高技能人才脱颖而出。

前端，坚持以评促训、以训带评、评训结合，打破培训和自主评价的界限，实现全链条、无缝对接。兖矿集团把职工参加培训的时长纳入考核评价指标，评价前必须参加培训，培训期间视为出勤，执行培训工资制度，确保职工参加培训既能提升技能水平，又不降低收入。技术工人参加培训的积极性空前高涨。

后端，强化自主评价结果运用，健全技术工人评价选拔制度，让评出的有能力、有贡献人才快速步入晋升通道。

同时，创新建立特级技师岗位制度，使特级技师享受高级工程师的同等待遇，建立技术工人与管理人员、专业技术人才同等对待、互通互转的岗位制度，拓宽技能人才上升通道，打破了技能人才成长的“天花板”。

以强化副中心城市建设的人才支撑为牵引扎实推进产业工人队伍建设改革

河南省洛阳市产业工人队伍建设改革协调小组

洛阳市是新中国重点建设的老工业基地，也是传统的产业工人大市，现有产业工人 108.7 万人，占职工总数的 89%。

近年来，河南省洛阳市认真学习贯彻习近平总书记关于产业工人队伍建设改革的重要指示精神，坚持“政治上保证、制度上落实、素质上提高、权益上维护”的总体思路，推动产业工人队伍建设改革走深走实，着力打造一支有理想守信念、懂技术会创新、敢担当讲奉献的宏大产业工人队伍，为全市转型发展、高质量发展提供坚实的人才支撑。

一、强化政治引领，建设思想过硬的产业工人大军

（一）推进党建带动工建。以“河洛党建计划”和“党建引领、‘三治’并进、服务进村（社区）”工作为抓手，在国有企业全面落实基层党建“三单制”。以普莱柯生物工程股份有限公司为试点，探索在非公企业开展党建带工建的有效途径。2020 年以来，洛阳市发展党员 6022 名，其中公有制企业 2672 名、非公企业 627 名，分别占比 44.37% 和 10.41%。

（二）完善职工教育体系。研究制定《洛阳市职工思想政治教育纲要》，探索构建内容完善、机制健全、形式新颖、运行高效、保障有力的职工思想政治教育工作体系。组建劳模志愿服务大队 1 个、中队 24 个、服务队 150 个，深入车间、班组、社区、工地，开展各类专题宣讲 300 余场次、基层班组“微宣讲”2 万余场次。

（三）创新思想教育形式。深化“中国梦 · 劳动美”主题教育，打造

“智慧职工书屋”510余家，建设“五一”广场11个。成立职工文联、作协、书协、美协和摄影协会，创作出一批反映职工精神风貌的作品；举办职工歌手大赛、学习新思想经典诵读活动等，不断满足广大职工对美好生活的向往。

二、突出制度保障，建设本领高强的产业工人大军

（一）打通技能提升通道。制定《河洛英才计划（2020—2025年）》，提出未来5年培育5万名高技能人才、全市人才资源总量新增50万人左右的工作目标；出台《洛阳市全民技能振兴工程暨职业技能提升行动工作方案》《关于提高技术工人待遇的实施意见》，促进高技能人才收入水平长期稳定提高。

（二）构建技能培训体系。建立农业农村、人社、扶贫、教育四个部门“四路协同”的教育培训格局，实现农村劳动力转移就业118.7万人次；制定《洛阳市职业教育改革发展实施方案》，大力推进产教融合和校企合作职业教育模式；成立洛阳市工匠学院，设立6个教学基地、20个教学实践基地，举办两期“河洛工匠”高技能人才研修班，引领和带动全市产业工人队伍成长壮大。

（三）强化激励保障机制。先后制定出台12项配套政策措施；实施“河洛工匠计划”，选树“河洛大工匠”29名、“河洛工匠”205名、“河洛工匠”工作室25家，分别给予3万元、1万元和10万元的资金支持。2021年以来，筹措就业补助资金2.77亿元，设立职业技能提升行动专项资金3.14亿元，持续加大对职工就业培训及技能提升的支持力度。

三、注重实践锤炼，建设充满活力的产业工人大军

（一）打造建功立业载体。组织200个重点工程、重大项目开展“六比一创”立功竞赛，400个重点企业开展“三比两降”节能减排竞赛，

5000家企业100万名职工开展“安康杯”竞赛。在洛阳市企业广泛开展技术革新、技术攻关及“五小”创新活动，进一步激发职工创新、创造活力。

（二）深化技能竞赛机制。健全完善“培训、帮带、竞赛、晋级、激励”五位一体职业技能提升机制。持续开展全市职业技能竞赛，初步建立起以企业为基础，市县为主体，省赛、国赛、世赛相衔接的劳动和技能竞赛格局。

（三）搭建创新创效平台。成立由298家工作室组成的跨企业、行业的“洛阳市劳模和工匠人才创新工作室联盟”，帮助企业解决技术难题；引入现代化工业互联网平台，不断提升创新成果转化实效；积极推进工会会员实名数据库建设与技能人才管理工作。

四、维护合法权益，建设社会尊重的产业工人大军

（一）提高职工政治地位。畅通产业工人参政渠道，逐步提高产业工人在党代会、人代会、群团组织代表大会中代表的比例。洛阳市十五届人民代表大会代表中，产业工人63名，占比13.2%；洛阳市工会十五次代表大会代表中，基层一线人员408名，占81.6%，使得产业工人对身份的认同感和自豪感进一步提升。

（二）维护职工民主权益。积极开展集体协商活动，签订集体合同7081份，覆盖职工90余万人；强化劳动法律监督检查，每年对100家以上重点企业进行法律“体检”；加强劳动关系风险监测与研判，发布全市劳动关系和谐指数“蓝皮书”8次，使得洛阳市在2019年劳动关系样本监测点总体质量评价中位列全国第一名。

（三）增强职工群众获得感。筹集资金7000余万元，为全市职工办20件实事好事，帮扶城镇困难职工解困脱困16893户，打造户外劳动者“爱心驿站”15分钟服务圈，建设“爱心驿站”312家；满足公共场所母婴需

求，首批在10条线路300台公交车辆上设置“流动妈咪小屋”；倡导健康生活方式，为职工发放家庭健康“小四件”（限油壶、限盐勺、健康腰围尺、家用体重秤）10万套，有效促进广大职工体面劳动、舒心工作、全面发展。

赓续红色基因　弘扬工匠精神
以产业工人力量擦亮“中国制造”品牌

河南省中信重工机械股份有限公司

中信重工机械股份有限公司（以下称为“中信重工”）前身为洛阳矿山机器厂（以下称为“洛矿”），是“一五”期间国家 156 项重点工程之一，经过 60 多年发展，目前已成长为全球最具竞争力的矿业装备和水泥装备制造商与综合服务商，现有职工 6600 余人。

近年来，公司深入贯彻中央和省委关于产业工人队伍建设改革的部署要求，以传承红色基因为己任，以弘扬工匠精神、打造高素质技能人才队伍为主线，凝聚产业工人力量来擦亮“中国制造”品牌，打造了富有特色的产业工人队伍建设改革“中信重工样本”。

一、传承红色基因，强化思想引领

加强思想政治引领是产业工人队伍建设改革的重点和关键。中信重工始终把传承红色基因、发扬优良传统贯穿于产业工人队伍建设改革全过程。

（一）弘扬焦裕禄精神。焦裕禄同志在洛矿工作了 9 年。习近平总书记视察中信重工时指出：“焦裕禄精神孕育形成在洛矿，弘扬光大在兰考。”中信重工依托焦裕禄精神诞生地、传承地、弘扬地这一独有的资源，制定形成了一线工人践行焦裕禄精神贯标体系，使之成为推动产业工人队伍建设的内生动力。

（二）发扬优良传统。1965 年 12 月至 1967 年 1 月，习仲勋同志在洛矿任副厂长。他扎根一线、艰苦朴素、心系职工、迎难而上的品格，为公司留下了宝贵的精神财富。中信重工将习仲勋同志工作过的车间打造成为开放性现场教育基地，激励广大职工团结奋进、开拓创新。

（三）弘扬劳模精神、工匠精神。制定《中信重工践行工匠精神实施细则》，将劳模精神、工匠精神纳入企业文化建设体系，提升产业工人文化自信、发展自信。充分发挥党的十九大代表、全国劳模刘新安和大国工匠杨金安等模范先进的引领作用，开展“工匠讲堂”200余期，引领产业工人讲政治、学理论，听党话、跟党走。

二、健全制度体系，强化改革保障

健全制度体系是产业工人队伍建设改革的重要内容。近年来，中信重工建立完善了一系列措施，引导和激励产业工人成长成才。

（一）实施“金蓝领工程”。为生产一线工人设置了从初级工、中级工、高级工到技师、高级技师、大工匠的6个技能等级，打通了技能等级晋升通道。目前，有近600名生产一线工人晋升技师以上等级职业资格。强化技能价值激励导向，最高等级大工匠每月可领5000元技能工资。设立“金蓝领技能津贴”，技师以上技能工人在承担公司工匠创新课题期间，按月发放津贴。其中，技师500元、高级技师1000元、大工匠2000元。

（二）全面推行新型学徒制。建立完善师傅选拔标准、徒弟培养计划、考核激励措施等，用师履责、徒勤学推动师带徒活动有效开展。目前，已签订师徒协议近200份，每对师徒每人每月发放800元津贴。

（三）深入推行首席员工制度。累计在高级工以上职业资格人员中评聘首席员工近1000人，每人每月发放300元津贴，有近百名连续5年获评首席员工的职工直接晋升金牌首席员工，每人每月发放500元津贴。

（四）完善市级以上劳模（工匠）管理办法。每月对国家、省、市不同级别劳模发放200～400元津贴，激励职工人人追赶先进、个个争当劳模。

三、搭建成长平台，促进素质提升

中信重工始终把提升技能素质作为产业工人队伍建设改革的关键，多管齐下实施职工素质提升工程。

（一）加大培训力度。依托中信重工大学，借助浙江大学等外部资源，为职工开设覆盖企业生产全流程的培训课程。2021 年，已开办电工、焊工等 10 余个班次，线上线下培训 5000 余人次。中信重工大学作为洛阳市工匠学院教学基地，开展了河洛工匠第二期高级研修班等 20 余个班次的培训。

（二）深化技能竞赛。先后组织炼钢工、铆工等几十个工种专项技能竞赛 40 余场次，选派 2000 余名职工参加市以上职业技能大赛 30 余次，87 名工人通过竞赛晋升技能等级和工资。

（三）支持创新孵化。公司投资近 300 万元建设了 22 个劳模工匠创新工作室，开展攻关 3311 次，完成课题 443 项，申报专利 10 余项，创造效益 3.2 亿元。

（四）创建五星班组。在各产业板块广泛开展“五星班组”创建活动，促使职工优化成本、提高质量、提升效率、保证安全、共建文明。

四、以职工为中心，维护合法权益

中信重工始终坚持以职工为中心的发展理念，不断提升职工的获得感、幸福感。

（一）坚持民主管理。落实职代会制度，解决职工代表提交的意见建议 100 余条。推行工资集体协商，职工人均工资增幅 8% 左右，劳动关系和谐度达 95%。

（二）加大关爱力度。每年组织全体职工健康体检，将业务骨干、公司级劳模纳入市级以上劳模休养人员范围。加大解困帮扶力度，累计救助、慰问困难职工 3000 余人次，发放救助金 340 余万元。

（三）丰富文体生活。建设员工俱乐部、篮球场、足球场等职工健身活动场所，举办丰富多彩的职工文体活动。公司连续 11 年被授予“全国群众体育先进单位”称号，被全国总工会命名为“全国模范职工之家红旗单位”。

产业工人队伍建设改革极大地激发了新时代职工的强大力量。中信重工已涌现全国劳模 7 人、大国工匠 1 人、中原大工匠及企业级以上工匠 19 人、高级工以上 3000 人。公司已经形成了国内领先、全球稀缺的高端重型机械加工制造能力，产品和技术服务覆盖“一带一路”沿线近 50 个国家和地区，为实现制造强国目标、实现中华民族的伟大复兴贡献了“中信重工力量”。

明确方向　狠抓落实
推进产业工人队伍建设改革落地见效
助力武汉高质量发展

湖北省武汉市推进产业工人队伍建设改革协调领导小组

武汉市是中国近代工业的发源地之一，历来是产业工人队伍集中的重镇，现有产业工人 393 万人。

近年来，武汉市深入学习贯彻习近平总书记关于工人阶级和工会工作的重要论述，特别是关于产业工人队伍建设改革的重要指示精神，认真贯彻落实党中央决策部署和湖北省委工作要求，深入推进产业工人队伍建设改革，为武汉高质量发展提供了坚实的人才保障。

一、坚定政治方向，矢志不渝强化思想引领

（一）强化政治担当，全力谋划推进。武汉市委、市政府高度重视产业工人队伍建设改革，从巩固党的执政基础和推动高质量发展的战略高度，把产业工人队伍建设改革作为重大政治任务和重点改革项目，紧密结合武汉实际，出台《武汉市产业工人队伍建设改革实施方案》。成立武汉市推进产业工人队伍建设改革协调领导小组，建立协调机制，明确责任分工，制订工作计划，定期通报、定期检查、定期督办，充分发挥各成员单位的职能作用，形成齐抓共管的工作合力。

（二）扛起政治责任，加强思想引领。贯彻落实中央《关于加强和改进新时代产业工人队伍思想政治工作的意见》，坚持用习近平新时代中国特色社会主义思想教育广大产业工人，引导职工坚定不移听党话、跟党走。创新思想宣传工作载体，以“庆祖国华诞、与军运同行、展职工风采”为主

题，以快闪、歌咏比赛、劳模报告会、书画展览、职工大讲堂等形式，广泛开展健康向上、寓教于乐的系列文化活动，涵养职工爱党、爱国情怀。2021 年，共举办活动 828 场（次），参与职工达 20 余万人次。

（三）提高政治地位，拓宽发展渠道。扩大产业工人参政、议政渠道，武汉市党代表中工人代表占到代表总数的 5.6%，武汉市人大代表中工人代表占到代表总数的 12.8%，武汉市政协委员中工人委员占到委员总数的 14.5%。注重选拔优秀产业工人在群团组织挂（兼）职。武汉市工会代表大会和委员会中，一线工人的比例分别达到 65% 和 35%，彰显了产业工人的主人翁地位。

二、强化目标指向，坚持不懈提升职工素质

（一）发展现代职业教育体系。推进武汉市中等职业教育品牌特色专业教学资源建设，加强中高职一体化人才培养教学工作，打造武汉市职业教育资源公共服务平台。发布重点产业职业培训需求指导目录，为各类培训机构开展培训提供参考。出台企业新型学徒制职业培训补贴办法，发放补贴 900 余万元，惠及 6044 人次。

（二）搭建多元职业培训平台。针对产业工人技能提升的迫切需求，兴建 12 个市级高科技人才培训基地、12 个市级职业技能实训基地、40 个市级大师技能工作室、246 个市级劳模（工匠）创新工作室、6 个市级产业工人培训示范基地，年均培训超过 13 万人次，其中高技能人才培训 5.4 万人次，为产业工人提升素质构建了一个多元化的培训体系。

（三）实施职工素质提升工程。广泛开展“百万职工作贡献”系列劳动和技能竞赛。近两年，参赛职工达到 300 万人次。精心组织武汉市第 21 届职业技能大赛，产生技术状元 28 人、技术能手 241 人。深化群众性“五小”活动，组织开展合理化建议等职工创新活动，评选出合理化建议及先进操作法各 20 项。连续举办两届职工创新创业大赛，参赛项目 400 多个，

激发了职工的创新、创业活力。

三、突出政策导向，持续加力推动制度创新

（一）强化培养机制。印发《“武汉工匠”培育计划》《世界技能大赛武汉市参赛管理办法》，明确对世赛金牌选手奖励50万元，对“武汉工匠”奖励30万元，对技能竞赛赛前培训给予补贴。全面实施“武汉工匠”“大城工匠”双星崛起工程。2019年，武汉市培养产生“中华技能大奖”获得者1人、全国技术能手6人、“湖北工匠”和“荆楚工匠”等省级优秀技能人才95人；选树命名“大城工匠”128人、“武汉工匠”23人，选拔“武汉市技术能手”85人，进一步壮大了武汉市高技能领军人才队伍。

（二）创新激励机制。出台《提高技术工人待遇的实施意见》，强化工资收入分配中技能价值导向；印发《关于改革国有企业工资决定机制的实施意见》，推动国有企业收入分配改革更加合理有序。针对影响产业工人队伍发展的突出问题，一些产业工人集中的大型企业创新出台了一系列引导职工成长、提升技能素质、畅通产业工人发展的办法措施。武重集团等大型制造企业积极拓宽技术工人职业晋升渠道，搭建五级技能人才成长通道，实现了由传统技能等级晋升体系向岗位等级晋升体系的转变，3年来，形成了一支800余人的高技能骨干技工队伍。

（三）健全维权机制。启动保障农民工工资支付监管的平台建设，出台拖欠劳动者工资黑名单管理办法。2019年，武汉市为1.46万名劳动者追发工资等待遇2.46亿元。这些举措维护了武汉市产业工人的劳动经济权益。完善劳动卫生安全机制，广泛开展“安康杯”竞赛。近两年，武汉市1.4万余家企业、150余万人次参加比赛，卫生部门为企业送教达50万人次。这些举措维护了武汉市产业工人的安全健康权益。

党建引领　系统发力　中建三局高质量推进新时代农民工转型发展

中国建筑第三工程局有限公司

中国建筑第三工程局有限公司（以下称为“中建三局”）是世界500强企业中国建筑集团下属的全资子公司，现有农民工约40万人，广泛分布于海内外1600多个项目中。

近年来，中建三局大力推进产业工人队伍建设改革，将农民工工作列为核心建设内容，不断构建和完善党委领导、行政支持、工会推动、相关业务系统共同参与的农民工工作格局，坚持实施“政治引领、素质提升、体系建设”三大系统工程，高质量推进新时代农民工转型发展。

一、突出政治引领，增强责任使命

中建三局党委始终站在巩固党执政的群众基础的高度，把加强和改进农民工队伍思想政治建设放在突出位置。

（一）强化理想信念教育。在农民工群体中广泛深入宣贯习近平新时代中国特色社会主义思想和中央系列会议精神，积极创建“农民工党员工作室”“农民工党员先锋号”“农民工党员宣讲团”，强化“两学一做”“不忘初心，牢记使命”等主题教育；通过观看直播、党代表下基层等形式带领农民工学政治、知国事，引导他们自觉践行社会主义核心价值观，坚定不移听党话、跟党走。

（二）夯实基础党建工作。建立农民工党建工作体系，制定农民工党建实施细则，编印工作指导手册。实施农民工党员登记制度，借助劳务实名制管理平台，建立农民工党员档案，动态更新农民工党员数据库。指定党建指导员、党员联络员，向农民工党员宣传党的路线、方针、政策，引导优秀工友向党组织靠拢。举办农民工党建论坛，邀请农民工参加项目党组织生活，确保农民工党员“流动不流失，离乡不离党”。

（三）深入推进民主参与。邀请农民工代表参加企业各级党代会、工代会、职代会，积极建言献策。重点培育并向社会推荐优秀代表参政议政，多位农民工当选各级人大代表、政协委员，先后涌现了党的十八大代表余凯新、十一届全国政协委员刘合炳等优秀代表，广大农民工群体的主人翁精神不断增强，政治参与的意识与能力逐步提高。

二、突出素质提升，促进全面发展

中建三局紧跟国家政策导向和建筑业发展趋势，将新型技术工人队伍培养纳入企业发展战略，不断完善农民工素质提升机制。

（一）建立农民工转型发展机制。通过“四种方式”（招用自有工人、劳务派遣用工、发展专业作业企业、建立稳定合作企业），“六大保障措施”（实名制管理、职业技能培训、技能导向激励、权益保障、扶贫安置、军民融合项目保障），培育新时代高技能建筑产业工人。命名 7 个产业工人培训机构，建立 2 座实训基地，完善培训课件开发及师资队伍组建，帮助农民工向专业化产业工人转型。招聘贫困地区农民并培养成产业工人，仅在甘肃康县，2020 年就帮助 1190 名贫困农民实现就业、447 名建档立卡贫困户成功脱贫。

（二）创新农民工技能提升机制。广泛建立农民工业余学校，2016 年至 2021 年 6 月创办 14 个省级、国家级农民工业余学校，推动工地业余学校培训形成常态化机制。在所属科创公司试点农民工技能等级内部认证，2020 年完成 500 余人次考核，选拔 39 名技术能手。联合武汉市建筑业协会推进农民工技能外部认证，截至 2021 年 6 月，已为装配式建筑行业输送 1000 余名吊装、灌浆专业技术人才。完善技能竞赛体系，拓宽竞赛工种，创新竞赛方式。每年 20 余名农民工在省级、国家级竞赛中创造佳绩，2020 年斩获第三届中国技能大赛全国装配式建筑职业技能竞赛团体冠军。

（三）建立劳模工匠培育机制。建立评先树优体系，每年评选若干优秀农民工，召开专场表彰大会进行授称奖励。举办优秀青年农民工先进事迹报告会，邀请农民工代表登上新员工讲坛，长期在《人民日报》《工人日报》等媒体宣传报道农民工典型事迹，提升工友的社会地位，助力其成长成才。全国优秀农民工钟欣欣、湖北省劳动模范周祖宏、“荆楚工匠”陈金国等均成为彰显新时代劳模精神、劳动精神、工匠精神的优秀代表。

三、突出体系建设，推动共建共享

中建三局以农民工权益维护、关爱服务为立足点，构建了完备的保障体系。

（一）建强工会组织体系。督促劳务企业源头建会，签订结对建会服务协议，指导、帮助劳务企业建立工会组织；广泛组建项目工会联合会，大力开展农民工入会集中行动。近年来，在北京、上海、重庆、武汉等多个城市开展相关行动近 50 次，大型项目工友入会率达 90% 以上。各级工会积极吸纳农民工在组织内任职，工会组织服务农民工的能力不断增强。塔吊班长徐彬当选为中建三局工会兼职副主席。

（二）抓实劳务管理体系。设立劳务管理中心，全面推行劳务企业法人直营和“四固四化”制度（固定办公场所、固定管理团队、固定施工班组、固定劳务工人，企业实体化、人员产业化、用工规范化、管理企业化），促进劳务企业规范管理，优化农民工就业环境。

健全农民工工资支付保障机制，明确 14 个相关业务部门的工作职责，建立了横到边、纵到底的责任体系；积极开设农民工工资专用账户，缴纳农民工工资保证金，截至 2021 年 6 月，已开设专用账户 1249 个；强化劳务实名制管理，在施项目实名制信息化管理覆盖率达到 100%；实施总包代发工资制，严格规范代发流程和手续，确保农民工工资发放及时。

（三）健全维权服务体系。广泛设立法律援助站，开展“尊法守法·携手筑梦”农民工公益法律服务活动，在有条件的单位设立工地模拟法庭、“法院＋工会”诉调对接工作室，保障农民工合法权益。全面推进工友服务站建设，实施工地后勤物业化管理，评选农民工星级食堂，不断改善农民工的生活环境。大力实施普惠服务，组织免费体检、免费核酸检测；捐资1000万元持续10年资助贫困农民工子女上学；开展“我要去北京”“女童保护”“百场宣讲进工地”等品牌活动，全方位关爱农民工。

打造共建、共享、共进创新联盟
推进跨区、跨界、跨企创新合作

国网湖南省电力有限公司

科技是国家强盛之基，创新是民族进步之魂。

作为湖南省产业工人队伍建设改革试点单位，国网湖南省电力有限公司（以下称为“国网湖南电力”）贯彻习近平总书记关于产业工人队伍建设改革的重要指示精神，深入推进产业工人队伍建设改革，引领电力产业工人队伍传承创新基因，构建跨区域、跨行业、跨企业的劳模和工匠人才创新工作室联盟，推动群众性技术创新活动融入国家创新体系。

一、顶层设计、资源共享，构建高效运转创新联盟

（一）统筹现有资源，建立联盟组织。汇集劳模和工匠人才，充分发挥联盟纽带作用，实现资源共享、合作共赢。聚集 14 家单位，42 个工作室，成立劳模和工匠人才创新工作室联盟，以“创新愿景相同、创新业务相通、创新目标相近”为导向组织开展联盟活动，以内部广播方式交流经验成果，以柔性团队形式开展联合创新攻关。

（二）制定联盟章程，推进规范运作。制定劳模和工匠人才创新工作室联盟章程，明确联盟定位、宗旨和运作方式，出台交流、合作、考核、奖励等联盟制度，制定创新研究方向、交流创新成果、优秀团队培养等联盟年度任务，保证联盟规范运转。

二、强强联手、共建共赢，开展跨区、跨界、跨企合作

（一）开展跨区交流，推进创新合作。将“请进来”“走出去”有机

结合，推进创新工作室联盟成员跨区域交流互动，开展创新和攻关活动。2020年4月，国网湖南电力与国网湖北电力、国网河南电力、国网江西电力等单位召开华中区域劳模工匠创新工作室交流会，华中地区115家劳模（工匠）创新工作室参与经验成果分享，相互学习、提升创新效率。

（二）开展跨界合作，解决共性难题。充分发挥联盟平台作用，开展跨行业创新交流与合作。国网湖南电力与中车株洲电力机车有限公司各劳模创新工作室以技术创新、管理创新、服务创新、制度创新和班组建设为主要内容，以解决工作现场难题、推动所在单位创新发展为目标开展“联学联创”“互帮互助”交流活动20余次。

（三）开展跨企共建，集中优势兵力。推进国网娄底供电公司、国网长沙供电公司等单位开展联合创新，充分发挥不同团队各自业务专长和技术优势，围绕重点和难点问题开展跨企业联合创新，通过联盟实现创新资源互补、信息共享，解决重复、低效创新问题。

三、源头培育、闭环管理，推进创新成果转化应用

（一）加强源头培育，提高创新项目质量。结合本职工作深入观察身边的小问题、小困难，广泛征集意见形成职工创新需求，进一步从中挖掘出大项目、好项目。搭建职工技术创新微信交流群，涵盖190名技术创新职工，每月开展一次线上交流活动，由各工作室主动晒课题、晒成果，互通情况、分享经验，加强横向联系，为创新创效形成合力。在工会微信平台开设“指尖上职工之家”板块，由100名创新专家组建咨询团队，众筹职工的创意灵感和技术解决方案，实现员工随时随地交流，提升创新质效。2020年，共实现职工技术创新立项70余项。

（二）深化重点攻关，推动创新成果转化。与公司内部直属产业单位、公司外部南瑞集团等企业建立成果转化合作关系，打造职工创新成果“孵化基地”，将公司内部职工创新成果与“孵化基地”有效连接，通过市场化

模式，形成“模型—试品—产品”的可操作性转化和推广路径。与实体企业相对接，采用购买服务、加工制作、合作转让、分散实施等方式，实现了“一个电话供服务、一张图纸出产品”，大幅提升职工创新产品转化效率，提升成品质量。2020 年，孵化、转化职工创新成果 33 项。

（三）完善转化流程，实现成果转化闭环管理。建立完善成果转化的标准流程，抓准“鉴定、需求、完善、试制、推广、反馈”6 个关键环节，实现了成果转化的闭环管理。在论证鉴定环节，委托专业部门、中心机构对优秀成果进行分析鉴定，从中筛选出品质优、价值高的推广成果。在需求调研环节，广泛征询基层一线的意见、建议，了解推广成果的需求量和使用率。在完善提升环节，组织专家依据技术规范和生产需要，对推广成果进行测试、完善、提升，制定转化应用方案。在生产试制环节，择优挑选一批优质企业生产基地，组织试制生产样品，形成技术标准，开展批量生产。在推广应用环节，明确成果推广的范围、数量、价格，建立生产基地、使用单位的市场供需关系。在反馈改进环节，推行“定期沟通、持续改进”模式，收集使用单位意见并及时反馈，促使成果反复改进、持续完善。

四、完善机制、强化保障，确保联盟行稳致远

（一）完善议事协调机制。建立联盟工作联席会议制度，实行联席会议轮值制，2020 年召开线上、线下各类联席协调会议 59 次，成员单位共商各项事务，协调解决困难，形成创新合力。

（二）提供创新支撑服务。组建专业技术委员会，形成生产、营销、基建等专业小组 20 个，储备专家 162 名，为创新工作室提供政策咨询、技术指导、创新支持、知识产权保护等支撑服务。定期或不定期地开展有针对性的学习培训、岗位练兵、技术比武活动，发挥劳模工匠“传、帮、带”作用，强化创新能力培训，源源不断培养、造就创新人才。

（三）优化项目评价标准。组织联盟成员编制《职工技术创新项目评价细则》，对项目立项、培养、转化的创新性、安全性、经济性和推广前景等进行全面评价，保障了成果的科学性、实用性，确保创新方向精准、成果质量优良。

（四）拓展资金来源渠道。创新联盟各成员单位工会设立职工创新专项费用，用于创新项目扶持和成果推广应用。2020 年，国网湖南电力对 5 家创新成果多、转化效果好的工作室共计补助资金 50 万元，对重点推广应用的创新成果下拨资金 313.27 万元，有效激发了联盟创新的内生动力。

建设新时代高素质钢铁产业工人队伍

湘潭钢铁集团有限公司

湘潭钢铁集团有限公司（以下称为“湘钢”）始建于1958年，是中国南方千万吨级精品钢材制造基地、全球规模最大的宽厚板生产基地，有产业工人7548名。

近年来，湘钢认真贯彻落实《新时期产业工人队伍建设改革方案》要求，对接省委“三高四新”战略，积极打造新时代高素质钢铁产业工人队伍。

一、坚持以党建为引领，把握产业工人队伍建设大方向

（一）突出政治引领。牢牢把握湘钢产业工人队伍建设改革正确政治方向，用习近平新时代中国特色社会主义思想武装产业工人头脑，以组织开展党的十九届五中全会精神宣讲会、送党课下基层、主题党日等形式，教育引导广大产业工人增强“四个意识”、坚定“四个自信”、坚决做到“两个维护”。加强理想信念、职业精神和职业素养教育，大力弘扬劳模精神、劳动精神、工匠精神，组织开展“劳模精神宣讲会”“职工大讲坛”“工人阶级宣传月”活动，引导产业工人爱岗敬业、甘于奉献。

（二）注重顶层设计。组织召开党委会专题研究新时代湘钢产业工人队伍建设，成立了改革领导小组，建立了党委领导、行政实施、工会参与的工作机制，制定下发《湘钢新时代产业工人队伍建设改革的实施意见》，从顶层设计上破除产业工人成长体制“瓶颈”，构建了“选、育、用、留”四位一体的产业工人队伍培养体系。

（三）强化作用发挥。加大在产业工人队伍中发展党员的力度，把技术能手、青年专家、优秀工人吸收到党组织中来。通过开展“向我看齐”“党

员登高”“党员先锋行”等特色活动，充分发挥产业工人现场熟、经验足、技术精的优势，使其在急难险重工作中彰显作为，实现自身进步与企业发展共同提升。2018 年以来，由基层党员产业工人骨干牵头完成各类现场攻关 580 余项，解决技术难题 360 余个。其中，有 89 项在公司年度科技创新大会上获得表彰，直接创效 3.2 亿元。

二、坚持以发展为中心，搭建产业工人素质提升大平台

（一）拓宽发展通道。按照人才成长规律，紧扣钢铁企业特点，借助现代人力资源管理的方法手段，为钢铁产业工人设置了 4 条职业发展通道，特别对操作类职工，设立技师、专业技师、专家技师、首席技师岗位。修订了核心员工任职资格标准体系，配置核心员工岗位 1000 余个。对于解决重大工艺技术难题和重大质量问题、技术创新成果获得省部级以上奖项的高技能领军人才，取消学历、年限等限制，破格晋升技术等级。

（二）加大技能练兵。积极搭建岗位练兵和技能培训“双结合”的素质提升平台。依托职工培训中心（湘钢技校），近 3 年投入 6000 余万元，新增了冶金仿真实验室、网络培训平台、VR（虚拟现实）培训系统以及无纸化“智慧考试系统”，大幅提升了职工培训、培养的硬件设施水平。坚持每两年举办一次公司职业技能大赛，设立 50 余个比赛工种，参赛职工达 5000 余人。同时，择优参与全国、钢铁行业及省市职业技能大赛、技术比武以及岗位练兵等活动，涌现了一批“全国技术能手”“省百优工匠”。截至 2021 年 6 月，公司有中华技能大奖获得者 2 人，享受国务院政府特殊津贴专家 6 人，享受省政府特殊专家津贴 4 人，国家级、省部级在职劳模 13 人。

（三）创新培养载体。在创新高技能人才培养手段上下功夫，投入 2000 余万元建设以劳模、技能专家命名的工作室。建成国家级技能大师工作室 3 个、省市级工作室 4 个、首席技师工作室 15 个。交叉开展技能取证和职称申报等工作，着力培育“工程师 + 技师”的“双师型”技能人才队伍，

自 2018 年以来公司“双师型”职工新增 87 人。

与湘潭市人力资源与社会保障局合作开展“金蓝领培训”项目，投入近 400 万元改造了焊工、天车工实训基地，邀请国家级、省级技能大师组建专兼职师资队伍，打造焊工、天车工高技能人才培养体系。截至 2021 年 6 月，项目共举办培训班 12 期，为湘钢培养高技能人才 320 余名，向湘潭市输送高技能人才 240 余名。湘钢有高技能人才 2938 人，占比达到 39%，有力提升了企业精品制造能力。

三、坚持以职工为本，激发产业工人干事创业大活力

（一）文化上引导。大力弘扬“以奋斗者为本”的企业核心价值观，对产业工人队伍中涌现的标杆典型，通过电视、报纸、网络等媒体报道，大力宣传其事迹，大力宣传“湘钢工匠精神”。同时，开展“向奋斗者致敬”走访慰问活动，在全公司奏响了“工人伟大、劳动光荣”的新时代主旋律，持续激发产业工人队伍的奋斗热情和活力。

（二）机制上激励。践行“人尽其才，多维发展，动态激活”的人才理念，实行首席技师年薪制，与企业效益和单位绩效挂钩。技师、专业技师、专家技师每月除岗位绩效工资外，还额外享受 500 ～ 1000 元的能力工资或技能津贴。鼓励产业工人提升技能，对复合型、一专多能型产业工人按 150 元 /（人・月）核拨奖金，并及时向政府部门申报补贴。近 3 年，累计为 2110 名获得初级工、中级工、高级工以及技师、高级技师技能等级的产业工人申报了岗位技能提升培训补贴。

（三）权益上维护。坚持和完善以职工代表大会为基本形式的民主管理制度，每年组织职工代表与公司行政部门进行工资集体协商，开展以“安康杯”竞赛为载体的群众性安全生产和职业健康活动。先后投入 4800 多万元，对厂内食堂、澡堂、卫生间及班组休息室等生活设施和厂区生活用水进行改造升级，大幅改善了职工的工作、生活条件。

精准施策　促进规范化、科学化、标准化班组建设

广西壮族自治区南宁市推进产业工人队伍建设改革协调小组

班组建设既是企业重要的基础工作，也是推进产业工人队伍建设改革的重要环节。

2020 年，为进一步贯彻落实新时期产业工人队伍建设改革工作要求，打造一支能打硬仗、执行达标、工作合格的员工队伍和具有卓越领导力、超强执行力的班组长队伍，提升企业核心竞争力，南宁市推进产业工人队伍建设改革协调小组牵头制定了《冶金、化工、电子、机械加工、制造业企业班组建设评定标准（DB45 / T 002—2009）》《企业班组长职业技能等级评定标准（DB45 /T 001—2009）》（以下称为“两个标准”），为班组建设规范化、科学化、标准化树标杆、明方向，为产业工人队伍整体素质提升打下坚实基础。

一、科学研判，找准落实改革方案的切入点

南宁市推进产业工人队伍建设改革协调小组认真学习贯彻习近平总书记关于产业工人队伍建设改革的指示精神和《新时期产业工人队伍建设改革方案》（以下称为《改革方案》）要求，按照政治上保证、制度上落实、素质上提高、权益上维护的总体思路，深刻分析《改革方案》任务，结合南宁产业工人队伍建设改革工作实际，加大调研和分析研判力度，努力找准落实《改革方案》的切入点。

（一）深入调研找角度。南宁市组织人员多次调研走访市内大、中型企业，综合整理出不同类型企业的生产、经营、服务等各类型班组的共性特

点。调研发现，班组建设水平的高低直接影响企业经济技术指标的实现，更关系到企业的生死存亡，要从企业的层面实现产业工人队伍素质提升，就须从提升班组建设水平和班组长职业素养抓起。

然而，目前我国的企业班组和班组长的建设管理工作没有统一的标准，建立、完善班组建设系统框架和相关标准，系统、科学地规范班组建设和班组长职业技能等级评定标准，是新时代赋予各级管理者的基本责任。为此，南宁市将制定推广“两个标准”，作为促进规范化、科学化、标准化班组建设，扎实推进产业工人队伍建设改革的切入点。

（二）广征意见促完善。为保证“两个标准”具有前瞻性和适用性，在“两个标准”起草前期，与业内相关班组建设专家、企业班组管理人员加强沟通和交流，对“两个标准”的有关内容和具体要求进行了研究、达成共识，力求满足高标准、高质量、规范统一、操作性强的要求。在“两个标准”起草过程中，征求了区内外100多家企业相关人员的意见和建议，得到企业口头、书面等各种反馈意见16条、修改建议23条。根据各方的意见和建议，不断完善“两个标准”有关内容。

（三）多方评审定标准。为保证“两个标准”的科学性和规范性，南宁市邀请来自7大行业32家大型国有和民营企业分管班组建设的企业领导以及相关专家、班组长骨干代表等，举办“两个标准”评审研讨班。经研讨，与会同志对“两个标准”逐条进行了深入的沟通、修改、审定，最终一致通过“两个标准”试行版本。

二、突破瓶颈，填补企业班组和班组长管理标准空白

（一）探索班组长培养方向。《企业班组长职业技能等级评定标准（DB45 /T 001—2009）》首次明确了企业班组长评定内容涵盖“班组长职业技能评定、班组长领导力评定、班组长专业执行力评定”三个方面，不仅详细规定了班组长职业能力必备的基本内容，更能有效地建立了班组长职

业技能培训标准。在企业管理的历史上，这是迄今为止最全面、最系统的班组长职业能力评定体系，为培养合格的班组长指明了方向。

（二）提出班组长技能水平评定标准。《企业班组长职业技能等级评定标准（DB45 /T 001—2009）》对“班组长职业技能评定流程”和“班组长职业技能现场评定赛项及考核文案”的三大内容作出了具体阐释，并通过列出 7 个考核评定表格来逐项详细规定具体评定细则及评分标准，供企业参考。

（三）明确班组建设内容体系。《冶金、化工、电子、机械加工、制造业企业班组建设评定标准（DB45 /T 002—2009）》明确了班组建设评定包括“班组经济技术指标评定、班组建设评定”两大内容，以班组长和 5S 管理为基础，以执行力提升和高效协同（准时、自动化）为核心，细化出班组建设评定涵盖“班组责任担当体系评定、团队及人员管理评定、现场管理水平评定、指标外计划执行质量评定、班组长职业技能等级评定”等内容，并介绍了考核方式、评定达标分数、具体流程。该标准从班组应承担的经济技术指标、班组应完善的八大责任体系、现场管理等 11 个方面进行了详细的规定和说明，帮助企业真正实现责任落地。

（四）规范企业班组建设衡量标准。通过“班组建设综合评定标准表”（6 个表）和“班组建设现场管理评定标准表”（11 个表），明确规范出评定的具体衡量细则。

三、试行推广，扩大“两个标准”的使用效能

为更好在企业推广“两个标准”，提升企业经营管理水平，促进企业降本增效、提质降耗，提升企业核心竞争力，促进班组长和全员素质提升，实现企业和员工可持续发展，积极采取措施对“两个标准”进行普及推广。

（一）大力开展使用培训。2020 年，南宁市举办了 5 期产业工人队伍建设改革系列班组建设讲座，通过送教到企业活动，先后培训班组长 500

多人。同时，举办为期 3 天的“南宁市企业班组长管理能力素质提升培训班”，60 多名班组长骨干通过“手拉手”学习、现场观摩交流，提高了对班组长职业能力认知和自身的履职能力。

（二）及时总结经验。通过培训和互动交流，深入了解基层班组长对试行标准的意见和建议，征集对推广、普及“两个标准”的宝贵经验，为进一步推进此项工作做足准备。

以站排头争第一的追求
造就高素质石化产业工人队伍

中国石化海南炼油化工有限公司

作为海南省石化产业的龙头、中国石化驻琼产业链条的核心——中国石化海南炼油化工有限公司（以下称为“海南炼化”），将产业工人队伍建设改革作为关系高质量发展全局的重大政治任务牢牢抓在手上，按照习近平总书记关于“培养更多高素质技术技能人才、能工巧匠、大国工匠”的指示精神，全面实施“能工巧匠·能力培养工程”，在夯实根基、搭建平台、拓展路径、筑牢保障上下功夫，以不断提升的石化产业工人队伍能力水平，为企业高质量发展提供有力的人才和技能支撑。

一、强化顶层设计，夯实“能工巧匠”能力培养根基

海南炼化高度重视产业工人队伍建设改革工作，将产业工人队伍建设改革纳入机构改革中统一谋划、统筹部署，实行生产运行部制改革，将原有的生产部门整合成8个一线作业部，压扁管理层级，提高管理效率，产业工人技能培训、权益保障工作得到进一步加强。

针对30岁以下员工比例高达45.28%，其中技能操作队伍1031人、平均29.4岁的现状，把技能提升工作纳入公司“十四五”规划，出台《海南炼化公司完善人才成长通道建设方案》，畅通产业工人队伍晋升通道配套设置职业生涯晋升规划和薪酬激励机制等相关制度。产业工人队伍的热情得到充分激发，“追求成为能工巧匠”成为全体员工的共识。

同时，通过引进、招录等方式，逐步优化产业工人队伍结构，夯实“能工巧匠”能力培养根基。近两年来，海南炼化为百万吨乙烯项目新招录

600 余名应届毕业生和引进成熟人才 200 多人。

二、丰富载体方法，拓展“能工巧匠”能力培养路径

（一）党政工团齐抓共管。公司党委按照“干什么、学什么、缺什么、补什么”原则，识别科级干部、工程师、操作工等层面基本功薄弱项，制订差异化三基培训计划，不断提升全员专业水平。

公司工会以每日一题、每周一练、每月一考和每年一赛的“四个一”岗位练兵活动为载体，分类分层、因岗因人有针对性地组织开展各类岗位技能和基础素质训练。

基层党组织开展“别人学我我更优、我是党员我最优”的“双优”实践活动，着力把党员培养为“精一岗、会多岗”的 AB 角、多面手，以高质量党建推动高质量发展，培育高质量人才。

基层团组织以青年大讲堂、技师上讲堂、夜班小课堂、青工小课堂等为抓手，开展青年技能提升培训，强化理论知识和实操能力。

（二）岗位练兵常态开展。以技能操作岗位为课堂，围绕岗位应知应会技能，分类分层、因岗因人地、有针对性地组织开展各类岗位技能和基础素质训练，把员工培养成“一岗精，二岗通，三岗会”的岗位多面手。

（三）员工培养全程跟踪。推行“技能提升双百”计划，对新入职员工制订一对一结对培养计划，规定每年新员工的拜师率为 100%，学徒一年后 100% 达到初级工水平。通过师徒双方签订《师带徒协议书》，明确师徒双方的责任和义务，帮助新员工尽快顶岗上岗，快速实现从学生向产业工人的角色转变。把“师带徒”工作开展情况纳入党支部分类定级考核内容。

青年员工张趁趁、魏成德师徒结对仅 3 年，双双获得全国催化重整装置操作工职业技能竞赛银奖。其中，徒弟魏成德获奖时仅 24 岁，成为中国石化最年轻的获奖选手。截至 2021 年 6 月，公司有高级技师 7 人、技师 65 人，技能操作队伍中 2/3 以上为高级工。

三、深入开展竞赛，搭建“能工巧匠”能力培养平台

（一）多层次开展技能技术比武。通过公司每两年、部门每年、岗位每月一次的技能竞赛和技术比武，常态化、高密度、多层级开展技能竞赛活动，提升员工的操作技能，增强其业务本领，培养造就高技能人才。

近年来，公司选拔技能人才参加集团公司、行业及国家级技能竞赛硕果累累，共获金奖 5 人、银奖 6 人、铜奖 1 人、2 个团体第四名、1 个团体第八名的好成绩。公司是获奖最多的新型炼化企业，有 8 人分别获得“中央企业技术能手”“中国石化青年岗位能手”“中国石化技术能手”等称号，9 人晋升技能等级。

（二）多维度发挥劳模引领作用。为劳动模范发挥作用搭建平台、提供舞台，努力培养造就更多劳动模范、能工巧匠。充分发挥劳模创新工作室的作用，发挥 N 个专业组劳模创新工作室合力，为职工立足岗位、钻研技术、传授技艺、提高技能提供更多有效平台。近 3 年共计创新开发新产品 2 个，申请专利及发明实用工具 3 件，累计创效超过 1 亿元。通过多年的选树培养，公司现有全国劳模 3 人、全国五一劳动奖章获得者 2 人、中央企业劳模 2 人、省级劳模 5 人。

（三）多方位激发全员创效热情。围绕公司中心工作和重点攻坚任务，广泛深入开展多种形式的全员劳动竞赛。通过开展劳动竞赛评选创新、创效优秀项目 32 个，参赛职工 1360 人次，挖潜增效超过 4000 万元。38 家参建单位、6000 余名建设人员参加“决战乙烯”劳动竞赛，以“打擂攻坚”的精气神抢回因疫情滞后的工期，为项目“大干快上”奠定了坚实基础，为助力海南自贸港建设作出更大贡献。公司的“高效芳烃环保成套技术”荣获国家科技进步奖特等奖，打破了欧美国家长期垄断的技术壁垒。

四、“精神 + 物质”双激励，筑牢“能工巧匠”培养体系保障

（一）完善技能人才晋升政策。将考核结果与个人绩效直接挂钩，A 档的员工获激励性年金奖励、职称评定加分，连续两年 A 档可获工资晋档奖励。近三年工资晋档 199 人次，职称晋升 99 人次，激励性年金奖励 402 人次。

（二）开展“员工培养大擂台”打擂攻坚活动。激发各单位争先恐后“晒优秀经验、赛工作成效”的热情，相互借鉴学习、取长补短，一大批优秀的产业工人队伍培养经验做法得到广泛传播，营造了“劳动光荣、知识崇高、人才宝贵、创造伟大”的人才培养氛围。

（三）培养储备优秀后备青年人才。经过笔试、实操考试、日常评价、专家面试 4 个环节，411 名青工中 77 人达到提前转正上岗水平，30 人被评为一、二、三等奖优秀青工，分别额外给予 2000 元 / 人、1500 元 / 人、1000 元 / 人奖励，并给予参与公司定向售房的奖励。同时，对评选出的优秀青工进一步加强培养，为企业发展储备人才力量。

以“试点”促“示范” 实施“四项工程”打造产业工人队伍建设标杆

国网重庆市电力公司市南供电分公司

国家电网有限公司是新时期产业工人队伍建设改革第一批六个全面试点单位中的唯一中央企业。作为国网公司先进基层供电单位，国网重庆市电力公司市南供电分公司（以下称为“市南公司”）认真贯彻落实习近平总书记关于新时期产业工人队伍建设改革重要指示要求，在全国总工会和重庆市总工会的指导下，大力实施四项工程，全力打造产业工人队伍建设改革示范基地，推动产业工人队伍建设改革向纵深发展。

一、实施“向心”工程，强化政治保证固好产改之根

（一）坚持党的领导，守初心。始终自觉接受党的领导，坚持党建带工建、党建带产改，组织公司工会系统党员认真学习贯彻习近平总书记关于工人阶级和工会工作重要论述、产业工人队伍建设改革重要指示批示精神，不断增强做好改革工作的政治自觉、思想自觉、行动自觉，确保改革工作始终沿着正确政治方向推进。

（二）深化基础建设，聚民心。2020 年，实现公司工会主席、分工会主席、工会办公室成员党员身份全覆盖，进一步强化了工会系统队伍建设。加大在产业工人队伍中发展党员力度。近 3 年来，从技术能手、青年专家、优秀工人中发展 9 名党员，确定 23 名先进职工为入党积极分子，并注重发挥党员在参与生产、管理、创新等领域中的先锋模范作用。

（三）强化民主管理，增信心。搭建以职代会为主线，以职代联席会、总经理联络员、厂务公开、平等协商、合理化建议为支撑的“1+5”民主管

理体系，确保和巩固广大职工的主人翁地位。持续提高产业工人在职工代表、工会代表中的比例。2020 年，产业工人在职工代表中的比例较上一年提高 2.91 个百分点。鼓励职工充分参与公司重大决策，围绕企业改革发展组织开展合理化建议征集活动，增强职工的归属感和凝聚力。2020 年，市南公司变压器经济运行建议获国网重庆市电力公司提质增效优秀合理化建议一等奖。

二、实施“保障”工程，立足制度落实筑好产改之基

（一）健全维护职工权益的保障机制。坚持广泛征求意见，通过平等协商与职代会审议，依法依规签订集体合同。坚持补短板、强弱项、固根本，加强对集体合同约定的劳动报酬、劳动安全卫生、女职工特殊劳动保护等事项进行跟踪督促、定期检查，尽早发现问题、抓好源头治理、搞好整改提升。推进职工诉求服务中心建设，建立诉求闭环管控机制，根据职工所想、所需、所盼及时解决实际问题，确保职工诉求回复满意度达到 100%。

（二）健全职工创新创效的保障机制。建成以张毅劳模创新工作室为代表的首批全国示范性劳模创新工作室，为企业发展打造了融智创新平台。出台《关于将劳模团队、优秀工匠纳入绩效考评管理的实施方案》，充分调动职工的劳动热情和创造活力。完成工作室改造升级，加强与科研单位合作，与国网重庆市电力公司电科院签订工作室联盟协议，通过共研共享、交流协作，启动电缆电线检测技术、电缆局部放电在线监测技术等近 10 个项目合作，形成在全国电力系统具有较大影响的科技创新成果。

截至 2021 年 6 月，张毅劳模创新工作室成功获得国家专利授权 106 项、省部级及以上 QC 成果奖 130 项次。3 年来，该工作室为企业创造经济效益 1500 余万元。

（三）健全职工职业发展的保障机制。建立《畅通员工成长通道完善员工职业生涯成长规划实施方案》等制度办法。建立职务、职员职级、优秀

人才“三通道”，创新开辟职员职级和优秀人才职业成长和发展通道，保障劳模、工匠以及优秀技能人才的政治待遇和薪酬待遇不低于管理岗位，进一步激励产业工人发挥专业引领作用、创造独特工作法、积极建功新时代。

三、实施“提升”工程，推动素质提升赋好产改之能

（一）强化培训，提升职工技能水平。坚持将年度职工教育培训计划纳入职代会决议审议。

实施“班组三年技能提升工程”，建立全专业、全员培训体系，针对核心专业、技能短板及新兴业务，分批选派业务骨干到技培中心、生产厂家、先进兄弟单位进行“订单式”培训，培育了一批善操作、会创新、能干事的技术骨干。

实施“黄葛树”青年培养工程，开设12个跨专业青年职工交叉双培班，通过自学、夜校、周末班等方式，强化优秀青年人才培养。适应职工技能培训实际需求，举办“市南云讲堂”，参培超过1000人次，增强了职工技能培训方式的灵活性和多样化。

（二）比武竞赛，促进职工“比、学、赶、超”。聚焦工作中的难题、瓶颈、短板，采取“精英赛”和“全员赛”相结合的方式实行常态化技能比武，坚持每年开展多工种技能竞赛运动会。积极参加国网上级单位和重庆市各类技能竞赛、专项劳动竞赛。2020年，组织职工参加重庆市总工会网上劳动竞赛，10人获“技能之星”等荣誉称号。

（三）选树先进，充分发挥榜样力量。开展好工匠“三部曲”活动，即“好工匠亮绝活”“好工匠赛技艺”“好工匠带徒弟”，提炼一线职工绝活绝招20条，赛出技能标兵12名，展示亦师亦友的典型师徒4对。

加强宣传选树，在培养出全国劳模张毅之后，市南公司相继涌现出“全国五一劳动奖章”“全国青年岗位能手”“重庆五一劳动奖章”“重庆市青年岗位技术能手”“重庆英才高技能领军人才”等各类荣誉获得者。公司

已有省部级及以上劳模 8 名。

四、实施“维权”工程，搞好权益维护履好产改之责

（一）改善劳动条件。立足抓好行业安全生产，为一线职工足额配置防毒面具、防护眼镜、安全警示标示牌等安全防护用品，确保职工休息休假权益，加强食堂用餐监督，坚持每年组织体检，执行带薪健康疗养、补充医疗保险等，增强职工的获得感、幸福感、安全感。

（二）做实班组建设。深化五星级红旗班组评定工作，建立健全评价体系，针对 32 个不同业务班组量身制定专业评价标准，进一步明确评分依据和定级标准，确保评选结果科学公正。指导班组打造涵盖班组荣誉、工作职责、违章曝光、创新工作等多个方面的班组文化墙，培育出各具特色的班组文化。

（三）办好职工实事。精心打造职工书屋、职工音乐工作室、职工活动中心，成立羽毛球协会等 9 个职工文体协会，丰富职工精神文化生活。2020 年，市南公司“星海书吧”获“全国工会品牌职工书屋示范点”称号。以“奋斗的幸福”为主题，组织职工创作出《那盏灯》《猛哥和他的抢修队》等一批反映职工生产生活的文艺精品。同时，按照“三必贺、三必访”原则做好职工慰问工作。

做实“三建三化”文章　锻造产业工人铁军

重庆市中交一公局重庆万州高速公路有限公司

近年来，特别是开展产业工人队伍建设改革试点工作以来，重庆市中交一公局重庆万州高速公路有限公司坚持以习近平新时代中国特色社会主义思想为指导，深入贯彻落实习近平总书记系列重要讲话精神、关于产业工人队伍建设改革重要指示批示精神，依托在建的重庆万州环线高速公路项目，系统推进五大保障体系建设，搭建“四梁八柱”，做实“三建三化”文章，着力锻造一支有理想守信念、懂技术会创新、敢担当讲奉献的产业工人队伍，为打造品牌工程、建功交通强国提供人才保证和发展动能。

一、坚持党建统领，以“连队化”管理培育奋斗精神

（一）抓党建举旗铸魂。中交一公局集团前身为中国人民解放军公路一师。集团始终传承红色基因，坚持“支部建在连上”重要原则，将项目部变成连队，创新推进“党建统领连队化管理”。改变以往对产业工人“散养式”管理，将对产业工人的管理纳入党建统领连队化管理体系范畴，用党的政治理论武装工人，用军队的严明纪律管理工人，用企业的先进文化培育工人，通过半军事化一体化管理深化产业工人队伍建设。把升国旗唱国歌、集合列队出操、班前教育学理论、召开班务会、内务评比等带有部队“红色文化、特色管理”的活动常态化、制度化，加强职工队伍思想淬炼、政治历练，强化产业工人的“部队品质、军人作风”，使职工有军人的样子、项目工点有营区的样子、生产管理有作战的样子。

（二）抓支部建强堡垒。做到生产建设的重点在哪里，基层党组织的战斗堡垒作用就发挥到哪里。广泛开展“党员示范岗”“工人先锋号”创建等

活动，激励项目“连队”党支部争创一流、树立旗帜；引导产业工人党员争先进、比干劲，敢于攻坚克难、创新攻关、提能增效。将党建深度嵌入生产经营中心，突出发挥产业工人主力军地位和突击队作用，激发全员主动融入项目大局、勇于展现自身价值。以政治自觉涵养作风素质，以百倍干劲投身火热建设，有效对冲疫情影响，干出加速度，确保了 2020 年度的项目投资和生产均超额完成目标。

二、坚持工建聚力，以“家园化”浸润保障体面劳动

（一）以人为本绘蓝图。把一线工人受尊重、有保障、得实惠作为“硬道理”。项目充分发挥好工会“娘家人”作用，从做好最基础的衣、食、住、行等工作上下功夫，把工人当家人、当支柱，积极构建“三园两中心”（培训园、生活园、工作园，党群工会服务中心、信息化管理中心），实现集约化文明管理。以工点工厂化、生活园区化为导向，加强硬件设施保障，让工人生活有品质、工作有获得、文化有提升，在单位拥有“家一样的温暖”，在工地拥有“体面有序的劳动”。

（二）技能培训长本领。项目依托产业工人培训中心，与重庆市万州区总工会建立合作关系，开展月月有主题的“春季夜校”“工会大讲堂”等活动，切实增强产业工人技能本领。通过与社会培训机构产教融合，对技术工种成长成才进行精准教学培训。选送员工参加各类专业工种资格考试，打通工人取证升级通道，实现“应训尽训”。仅 2020 年，项目帮助近 30 名工人取得或晋升职业技能等级。工人技术本领升级，收入待遇上涨，奋斗生活更有奔头盼头。

（三）竞赛比武提素质。继承和发扬工会劳动竞赛等传统品牌优势，积极开展各类岗位练兵、技能比武等活动，加强实践锻炼、专业训练，提高工人技能技术素养。通过竞赛，打造专业化、职业化的产业工人队伍。项目先后荣获重庆市 2019 年网上劳动技能竞赛一等奖，公司也荣获重庆市

2020 年“重点建设工程劳动竞赛先进单位”。2 名一线职工分别获评“重庆五一劳动奖章”和 2020 年度“巴渝工匠年度人物”。

三、坚持体系建设，以“品牌化”奋进提升追梦效能

（一）体系建设强保障。制度是根本，体系是保障。立足新时期农民工向产业工人加快转变的形势变化，围绕其身份属性、思想观念、施工方式、职业素养、技能水平等方面，中交一公局集团万州环线项目探索总结出《新时期产业工人队伍体系建设实施方案和思维导图》，分别从组织保障、设施保障、技能保障、权益保障、产品保障 5 个方面进行顶层设计、系统布局、统筹推进，建立健全产业工人队伍体系建设的规范标准，绘制了品牌工程美好的发展前景，形成可复制、可推广经验，促进产业工人共抓体系建设、共享发展成果。

项目还通过制定《连队化管理考核办法》《班组 6S 标准化管理考核细则》等专项考核制度，每周举行文明宿舍、示范工点评比奖惩，每月进行综合管理积分考核亮晒，盯问题、强治理、补弱项，加大纠偏力度，固化治理成效。连续两年举办“十大优秀产业工人评选”“传捷报送喜报到家”活动。公司旨在通过正向激励，提升产业工人的荣誉感、责任感、使命感。

（二）品牌迈进创标杆。品牌是导向，标杆是榜样。项目积极引领广大产业工人投身“品质提升、品牌打造”，建功交通强国主题系列行动，主动加入劳模创新工作室创新、创效实践，凝心聚力构建起我国山区首个全生命周期 BIM+ 技术应用体系。充分借助 BIM+ 综合协同与指挥调度平台，以大数据、智能化手段科学应对施工技术难题，不断深化技术成果集成应用。

近年来，公司获 22 项国家专利、15 项省部级工法和 40 多项“五小”创新成果，创造群众性技术经济价值 2000 多万元。

围绕企业高质量发展
大力推进产业工人队伍建设改革

四川省五粮液集团

五粮液集团是一家以酒业为主、多元化发展的大型国有企业集团，在主业酒业方面有员工 1.9 万余人，其中产业工人比重占 83%，产业工人是五粮液集团实现高质量发展的主体力量。目前，集团营收跨越千亿元，上市公司市值突破万亿元。

集团认真学习贯彻习近平总书记关于产业工人队伍建设改革的重要指示精神，按照四川省委、省政府重大部署，在省总工会的领导与指导下，结合五粮液实际，围绕争创世界 500 强企业，打造健康、创新、领先的世界一流酒企，系统推进产业工人队伍建设改革工作，着力建设一支高素质的产业工人队伍。

一、打造“三个引擎”，加强思想政治建设

（一）打造党建工作引擎。在产业工人中实施“固本、铸魂、聚智、融心、正风”党建五大工程，以“酿业绩、酿成效、酿风采、酿技艺、酿合力”五酿工作法为抓手，以五粮液党校、团校，五粮液大讲堂、初心讲堂为平台，以多主题的“1+N”党建文化阵地为载体，通过党支部标准化、规范化建设，发挥基层党组织战斗堡垒作用和党员先锋模范作用。

（二）打造思想教育引擎。开展“五学、五比、五促进”活动，推进“不忘初心，牢记使命”主题教育制度化；开展微党课、好书推荐、读书沙龙等活动，推动党的创新理论在产业工人队伍走深、走实；以持续创建“全国文明单位”为目标，用社会主义核心价值观引领企业文化建设，引导

广大产业工人做“坚守初心，求真务实，创新求进，永争第一”企业精神的践行者和争创世界500强企业的拼搏者；依托“五粮液智慧党建”“五粮液家园”“文明五粮液”等新媒体平台，着力提高产业工人队伍的思想政治理论素养。

（三）打造民主管理引擎。坚持“厂务共商、家园共建、普惠共享”的工作理念，常态化推行厂务公开，加强职代会建设，严格落实职代会审议公司重大事项和涉及职工切身利益事项的重要规章制度，落实职工监事制度，用好员工思想动态定期报告和“五粮液家园”建言献策通道两个信息交流载体，推动形成全覆盖、多层次的民主参与、民主管理、民主监督的工作新局面。

二、构建“三个机制”，全面提升技能素养

（一）构建“传承＋创新”的匠心孕育机制。弘扬劳模精神、劳动精神、工匠精神，传承五粮液集团“24字”传统作风。通过示范引领营造“学有榜样，追有目标”的良好氛围；通过创作《五粮液24小时》《劳动的手》《匠人匠心》等作品，弘扬劳动美、创造美、奋斗美，用身边人、身边事感染、激励新一代的“五粮液人”。

（二）构建“大师＋苗圃”的匠艺锤炼机制。实施“工匠苗圃”职工职业技能提升工程，发挥劳模、工匠、白酒大师、技术能手等的“传、帮、带”作用，构建“漫灌＋渠灌＋滴灌”的制度化特色培养体系。“工匠苗圃”建立2年来，33%的成员晋升了技能等级；定期开展职业技能培训，广泛开展多层次劳动竞赛和岗位练兵。积极承办并参与各级行业技能大赛，牵头制定浓香型白酒技能竞赛地方标准和企业管理制度。

（三）构建“平台＋晋升”的匠人成长机制。建立中国白酒学院、中国白酒酿酒培训基地和五粮液白酒学院，着力打造白酒全产业链、全学科链的高素质产业工人培养体系。发挥公司国家级企业技术中心、省重点实验

室、酿酒国家级技能大师工作室等平台作用，建设一支集生产、研发于一体的高素质技术技能研究团队。建立产业工人“初、中、高”三级职业技能晋升通道，使个人职业规划与公司发展相融合、共促进。在公司现有的全国劳模、五一劳动奖章、大国工匠、省部级劳模获得者中，产业工人占 80% 以上。

三、建设“三个体系”，增强职工的幸福感、获得感

（一）建设多维保障体系。坚持“常态化困难救助与突发性困难救助”相结合，完善困难救助体系，建立困难职工救助基金，制定重病离岗休养办法，保障重病职工离岗后的基本待遇水平。

（二）建设多层次激励体系。坚持“薪酬福利与企业发展同步提升”，实施“三大计划”。实施薪酬保障计划，构建基于技能水平、绩效目标的薪酬福利增长机制。近 4 年，产业工人的薪酬年均增长 20%，累计翻番。顶额缴纳“六险两金”单位缴费比例。2017 年至 2021 年，公司累计为员工缴纳“六险两金”近 40 亿元。在四川省首家实施员工持股计划，同时为进一步强化员工分享企业所有权和未来收益权的制度安排，公司正在推进新一轮更广泛、更长效的员工股权激励机制。实施价值激励计划，大力开展双向培养，将优秀的产业工人发展为党员。近 3 年来，党员中的产业工人占发展党员总数的 98.47%。

（三）建设多元化普惠体系。发挥品牌优势，依托五粮液品牌影响力，吸引和整合购物、教育、医疗等社会优质资源，为职工提供更加便捷、实惠的高品质服务。发挥载体优势，打造“职工兴趣联盟”“职工艺术团”“职工运动队”等特色品牌，以“中国梦·劳动美”为主题，开展抖音快闪、微 K 歌、微视频、职工运动季等线上线下系列活动，实现“为员工创造幸福”的核心价值理念。

加强产业工人队伍建设 助推白酒产业高质量发展

贵州省仁怀市白酒行业工会联合会

近年来，仁怀市深入贯彻落实关于新时期产业工人队伍建设改革的相关精神，结合本区域产业特点，将白酒产业工人队伍建设改革作为工作重点，不断完善机制，进一步优化产业工人结构，全面提高产业工人素质，为推进本市白酒产业高质量发展发挥了积极作用。

一、基本情况

白酒产业是仁怀市的支柱产业，全市共有以茅台酒为龙头的白酒生产企业 346 家，有包装、物流、销售等酒类企业 2000 多家，年产量达 30 万千升，白酒销售额达 610 亿元，拥有白酒商标 4328 个，先后获得“全国名优产品（白酒）品牌创建示范区”“中国酱香白酒核心产区”等称号。仁怀市成立了仁怀经济开发区工会联合会、仁怀名酒工业园区工会联合会、茅台镇白酒行业工会联合会和茅台镇总工会，覆盖全市白酒企业（含小微企业）工会 422 家、工会会员 14.9 万人，职工入会率达 100%。

二、主要工作做法

（一）加强组织领导，提供有力保障。成立了仁怀市委分管领导任组长，市人大、市政府联系领导任副组长，市委办、政府办、总工会、宣传部、组织部等 32 家市直单位主要负责人和全市各乡镇（街道）党委（党工委）书记为成员的产业工人队伍建设改革工作协调小组，设立了办公室，明确了牵头单位和负责人，为产业工人队伍建设改革提供了组织保障。

将产业工人队伍建设改革工作纳入市委重点工作，召开市委常委（扩大）会议专题安排部署，经过充分调研和征求意见，制定了《新时期仁怀市产业工人队伍建设改革方案》，细化了28项重点工作任务，明确了牵头单位和责任单位。规范了“酒都工匠”“白酒工匠”“白酒大师”等称号评选机制，为培养更多白酒行业高技能人才提供了制度保障。

（二）加强党建引领，发挥党组织作用。加强对白酒企业党建工作的指导力度，坚持把政治建设放在首位，突出白酒企业党组织的政治功能，全面提升白酒企业党建的组织力，把加强和改进产业工人队伍思想政治建设放在突出位置。加大在产业工人队伍中发展党员的力度，把技术能手、青年专家、优秀工人吸收到党组织中来。充分发挥白酒产业工人在经济社会建设中的主人翁作用，在白酒产业工人中推选党代表、人大代表和政协委员。落实工会改革要求，国台酒庄和爽净集团工会主席出任仁怀市总工会兼职副主席。

（三）加强技能培训，提升技能水平。采取校企合作、购买培训服务、企业自行培训等多种形式，各企业与市总工会、市委党校、市人社局、市酒投公司、市酱科所、省酒检院等部门加大资源共建共享力度，组织开展白酒产业工人岗前培训和技能提升培训，鼓励培训合格人员参加技能鉴定，提升个人技能水平。完善农民工就业培训、就业服务、劳动维权“三位一体”工作机制，促进农民工稳定就业。

发挥竞赛引领作用。以赛促学、以赛促训、以赛促评，支持符合条件的大型酒企申请企业技能人才自主评价资质，再请有关部门认定评价结果，打破技能人才技能晋升的年龄、资历、身份和比例的限制。支持优秀技能人才破格或越级参加企业技能鉴定，特别是对有重大技术创新贡献的、“师带徒”业绩突出的，破格晋升技术等级。

鼓励基层工会、协会、酒企、车间班组开展岗位练兵、技术比武、技能竞赛等，发扬工匠精神，继承传统产业精髓，营造崇尚技能的良好氛围，促进技能水平提升。

（四）加强教育管理，选育白酒工匠。依照现代企业制度建设的标准，建立企业用工台账，并分门别类对工人情况进行登记，建立技能人才资源信息库，发挥人尽其才的作用。深化群众性技术创新活动，建立以高素质酿酒技术工人为主体的专业技术委员会和职工技能人才库，鼓励企业设立职工创新补助资金，开展酿酒技术先进操作法总结、命名和推广，引导和组织职工广泛开展合理化建议、技术革新、技术协作、发明创造等活动。

用好职工“金点子”——“五小”创新竞赛活动。积极创建职工创新工作室、劳模创新工作室和技能大师工作室，提升企业知名度和美誉度。2020 年，通过技能竞赛，共评选表彰“酒都工匠”40 名，命名创建劳模（技能人才）创新工作室 3 家，白酒行业企业获评全国、贵州省、遵义市五一劳动奖章 20 余家，有全国、贵州省、遵义市劳模 54 名。

发挥工会组织桥梁纽带作用 深化产业工人队伍建设改革

贵州省遵义市产业工人队伍建设改革协调小组办公室

2019 年 12 月，遵义市出台《新时期遵义市产业工人队伍建设改革实施方案》，按照“突出思想引领、推动技能提升、保障改革落地、维护职工权益”的工作思路推进产业工人队伍建设改革。

改革以来，有效激发了全市产业工人的积极性、主动性、创造性，进一步提高了全市产业工人的经济、政治、文化、社会地位，全市产业工人队伍建设改革取得显著成效。

一、强化思想认识，加强产业工人队伍思想政治建设

在企业中广泛建立职工讲习所，认真组织开展讲习活动，加强对产业工人的思想政治引领，组建包含劳模、先进工作者、道德模范人物在内的专业职工讲习队伍，开展了讲习活动 525 期。

组织开展“劳模上讲堂”“劳模进企业”等活动，大力弘扬劳模精神、劳动精神、工匠精神，努力营造学习先进、争当先进的氛围。遵义市共举办“劳模上讲堂”活动 326 场。一大批劳模、先进工作者走上讲台，用切身感受、鲜活事例激发广大职工干事创业的热情，在产业工人中形成“劳动光荣、技能宝贵、创造伟大”的思想。

二、注重技能培训，推动产业工人队伍素质提升

遵义市各级工会紧紧围绕园区项目投产、产业结构优化升级和企业技术改进工作，大力开展茶艺、烹饪、绿化养护、乡村旅游、家政服务培训

等，培训后初次就业率达 66.67%。

2020 年，遵义市总工会贫困劳动力计划培训 684 人次，实际培训 777 人次，培训完成率达 113.60%。在易地扶贫搬迁集中安置点举行以“建工会·促就业”“巧妹子钩织技能”等为主题的“护工就业行动”。遵义市 14 个县（市、区）共培训 1061 人，其中 578 人通过培训签订就业协议，促进就业 978 人。

三、开展技能竞赛，推动产业工人队伍技能提高

（一）以职工技能大赛为载体，打通职工晋升渠道。2020 年，举办遵义市第五届职工技能大赛，设置 20 个竞赛项目，组织近万名职工参加技能培训，共选拔 846 名选手参加决赛。通过竞赛，18 名同志获得职业资格晋升。深入实施“黔酒茶绣工匠”培育工程，大力培育工匠人才，评选贵州工匠 2 人、黔酒工匠 4 人、黔茶工匠 1 人。

（二）在产业工人中积极选树劳模、先进工作者。推荐全国劳动模范和先进工作者 4 名、贵州省劳动模范和先进工作者 55 名，表彰了遵义市劳动模范 75 名、遵义市先进工作者 47 名。召开“全市经济技术成果展示会”，共命名 9 家“遵义市劳模创新工作室”和 1 家“遵义市工匠创新工作室”。

四、强化支撑保障，确保产业工人队伍建设改革落地

（一）坚持党委统一领导，形成推进产业工人队伍建设改革合力。在市委的统一领导下，整合工会、人社、民政、财政等各部门力量，在全市选择了白酒产业、茶产业、吉他产业和遵运集团开展试点工作。形成“党委领导、政府配合、部门协作、职工参与”的工作格局。按照“党工共建”工作思路，市委每年听取市总工会关于推进产业工人队伍建设改革的专题工作汇报，地方党委将企业建立工会组织、产业工人加入工会组织列为重要工作内容。积极推动劳动关系和谐企业建设。2020 年，由市人社局、市

总工会组织召开全市构建和谐劳动关系企业联席会，在深化劳动关系和谐企业创建的同时，促进产业工人队伍的稳定。

（二）加大维权服务力度，确保产业工人队伍合法权益。由人社部门牵头，市总工会、市司法局、市法院建立了协调劳动关系三方委员会，每季度召开一次劳动争议联席会，会商协调解决本市区域性、行业性的重大争议问题。2020年以来，督促企业补签劳动合同859份，补交社会保险费52万元，确保用人单位在临时性、辅助性或替代性的岗位上使用劳务派遣人员不超过用工总量的10%，有效维护了职工的合法权益。

五、构建服务体系，服务产业工人发展需求

（一）打造文化活动品牌，丰富职工业余文化生活。打造职工文化艺术节、职工运动会等文化品牌。遵义市职工文化艺术节已连续举办了两届，1.2万余名职工参加，设置10余项文化艺术活动，是目前全市职工参与面最广、影响力最大的一场文化盛宴。同时，利用遵义市文化宫新时代职工大学堂等阵地，开办书法、舞蹈、瑜伽、游泳、羽毛球、健身操等20余期职工兴趣培训班，近千名职工参加了免费培训。

（二）建立、完善帮扶机制，大力构建产业工人保障体系。以城镇困难职工解困脱困、金秋助学、两节送温暖等职工帮扶体系建设为基础，做好产业工人帮扶服务。联合人社、民政等部门，针对产业工人就业培训、技能提升、帮扶救助等方面出台有效政策。2020年，累计帮扶城镇困难职工1524户，涉及职工2600人，帮扶资金896万。开展“金秋助学”，筹集资金500余万元，资助困难职工子女1098人。在元旦、春节期间，主动慰问困难职工，涉及资金578万元，慰问困难职工6957人。

以改革托起新时代产业工人的中国梦

云南省玉溪市新时期产业工人队伍建设改革领导小组办公室

玉溪市地处云南省中部，素有“生命起源地”“聂耳故乡”“花灯之乡”“高原水乡”“云烟之乡”美誉。全市有产业工人20多万人。

玉溪市将改革有机融入构建现代化产业体系中一体推进，以产业工人为中心，坚持问题导向，实施四项措施，举全市之力推进改革工作。

一、建立、完善“六项制度”，促进改革往实里走

玉溪市注重改革顶层设计，构建以产业工人队伍建设改革实施方案为核心的“1+N”政策体系，建立完善“六项制度”，配套出台50余个政策文件，形成“党政主导、工会牵头、部门聚力、企业响应、社会参与、职工受益、共同发展”的良好局面。

（一）建立、完善领导小组议事制度。完成12个产业工人队伍建设改革课题研究，出台50余个配套措施文件，编印《改革工作指导手册》，印发《改革实施方案解读》，着力破解改革工作的难点、堵点。

（二）建立改革目标责任制度。签订责任合同32份，落实“抓书记、书记抓，抓部门、部门抓”的主体责任。

（三）建立改革责任派单制度。明确工作任务，着力推进改革措施落实、落地。

（四）建立工作指导联系制度。落实21个市级责任单位联系48个示范企业的改革工作的制度，着力提升改革工作质量。

（五）建立改革工作报告制度。畅通下情上报、上情下达渠道，编辑印发《改革信息》292篇，着力增强改革工作的针对性和有效性。

（六）建立改革工作督查检查制度。做好协调服务工作，强化督促检查，确保改革的正确方向。

二、坚持政治引领，引导产业工人听党话、跟党走

（一）坚持组织建设引领。在持续加强国有企业和集体企业工会组织建设提升的同时，实现非公经济组织和“两新”组织基层党组织覆盖率分别达 60% 以上、70% 以上；群团组织建设率达 80% 以上，加入工会、共青团、妇联的比例达 85% 以上。

（二）坚持“学习强国”引领。组织 5.38 万余名产业工人下载使用“学习强国”App，推动建立以产业工人为主体、由工会管理的学习组织。

（三）坚持宣讲宣传引领。采取宣讲团宣讲、党校教授传授、党群干部辅导等方式，让学习习近平新时代中国特色社会主义思想活动进社区、进基层、进企业、进厂矿、进班组。

（四）坚持“中国梦·劳动美”教育活动引领。以迎接新中国成立 70 周年为主题、庆祝建党 100 周年为主线，深入开展“不忘初心，牢记使命”主题教育以及党史学习教育，讲述工人故事，传达工人声音。

（五）坚持产业工人民主协商制度。玉溪市的市县两级“两代表一委员”中的产业工人比上一届增加 72 人，增长 18.4%；工、青、妇等群团代表增加 44 人，增长 7%。产业工人中现有全国劳模 3 人、省部级劳模 71 人、市级劳模 55 人。

三、聚力建设“四条通道”，促进改革往深里走

（一）聚力建设成长、成才通道。围绕“5+8”重点产业，人社部门从全市失业保险基金滚存结余中提取 20%（1.99 亿元）作为大规模职业技能提升培训的资金保障。2020 年，完成企业职工补贴性职业培训 4.62 万余人。玉溪市有 2119 户企业享受普惠性稳岗返还资金共计 3815.31 万元，惠

及职工8.78万余人。帮助企业建立以能力为导向、以业绩为重点的人才评价体系以及技能水平与职业技能等级相衔接的机制，畅通产业工人流动渠道，拓展产业工人技能成长的空间和通道。

（二）聚力建设创新、创造通道。突出产业工人的引、培、储链式效应，开展职工职业技能技术大赛、重点项目“七比一创”劳动竞赛、创新成果评选大赛、创新创业大赛和产业技能大赛，搭建创新、创造平台。创建省市“技能大师工作室”“劳模创新工作室”“工匠工作室”“职工创新工作室”、技师工作站190个。建设“培训基地”“技术中心”，培养高技能人才。认定企业职业技能培训中心50家，命名职工（农民工）技能培训基地32个，建立市级以上重点实验室、工程技术中心54个，注册学员达到2279名，培训项目涵盖16个工种。

（三）聚力建设权益维护通道。建设企业集体协商、劳动法律监督、劳动争议调解、法律援助、困难职工帮扶5支队伍，促进职工维权维稳。劳动合同签订率达90%以上，集体协商合同签订率动态保持在93%以上。落实劳动安全卫生责任制，健全企业职工代表大会制度和厂务公开民主管理制度。玉溪高新技术开发区被评选为国家级模范劳动关系和谐园区。

（四）聚力建设普惠服务渠道。建成90个党群服务中心、79个“职工驿站”，实现服务阵地公益化。加大产业工人子女教育、公共卫生、职工健康、保障性住房、困难帮扶等方面的保障力度，推进公共服务均等化。积极组织发动企业职工参与职工医疗互助活动、参加非工作期间意外伤害保障，推动互助普惠化。

四、强力构建“三屏五网”，促进改革互联共享

全面推进数字玉溪建设，加快推进“云上云”、“工业互联网在行动”计划、“双创”升级战略和互联网“出口倍增”工程，实现产业工人信息资

源互联共享，除融入“学习强国”、建立产业工人学习网外，奋力建设企业职工学历提升网、技能提升网、产业工人云服务平台、网上职工之家，使理论思想、技术信息、培训内容、技能提升通过“手机屏、电视屏、电脑屏”走进产业工人的“手中、脑中、心中”。

发挥六种作用　写好“产改答卷”

云南省交通投资建设集团有限公司

云南省交通投资建设集团有限公司作为全省综合交通基础设施建设最大的投资商和运营商，管养高速公路5000多公里，占全省高速公路总里程的75%，现有产业工人10244人，主要从事高速公路收费、监控和道路巡查、管养工作。

集团认真贯彻落实习近平新时代中国特色社会主义思想与习近平总书记关于工人阶级和工会工作的重要论述，在产业工人队伍建设改革过程中，始终注重强化国有企业的示范带动作用，充分发挥强化民主管理、强化素能提升、保障薪资待遇、完善激励机制、推进劳动竞赛、注重人文关怀“六种作用”，切实解决好产业工人“参与”“提升”“稳定”“提高”“成长”和“暖心”等问题，认真写好“产改答卷”。

一、强化民主管理，解决好“参与”的问题

目前，集团所属9个高速公路运管管理处累计有400余个收费站、隧道管理站和监控中心，站点管理人员1000余人，均由优秀产业工人担任。集团制定了产业工人思想政治建设方案，实行半军事化管理，确保政治可靠、纪律严明、精神面貌良好、技能技术娴熟。

为了提升产业工人的政治参与感和企业归属感，集团坚持和完善职工董事、职工监事制度，鼓励产业工人代表有序参与公司治理。近年来，集团召开的党代会、职代会、工代会中，产业工人代表均超过10%，二级、三级单位超过30%。涉及产业工人切身利益的问题均经过职代会审议，职代会中一线职工代表提案件数占10%，结案率100%。

二、强化素能培训，解决好“提升”的问题

近年来，集团不断加强对产业工人的培训工作。2020 年，集团成立了职工培训中心、职业技能等级认定中心，全面负责集团产业工人职业技能培训和素能提升工作，争取培训补贴资金 1225 余万元。截至 2020 年底，对 11800 人次进行了应急救援、服务礼仪、道路收费服务等方面的素能培训，三星至五星收费员占比超过 70%。

3 年来，省总工会补助集团近 200 万元，专项用于产业工人茶艺、厨艺、电焊、安全等方面的技能培训工作，使员工的素质得到较大提升。

三、保障薪资待遇，解决好“稳定”的问题

为最大限度保障产业工人权益，促进其体面劳动、全面发展，集团将原委托收费、劳务输入等多种形式的用工、收费模式统一由集团管理，从源头理顺产业工人的劳动关系，并为产业工人缴纳“五险二金”。其中，企业年金计划为职工本人自愿申请加入，已有近 9000 名产业工人加入了集团企业年金计划。

集团先后 4 次对一线产业工人的薪酬进行调整，产业工人的年平均工资从 2006 年的 9384 元增加到目前的 5.87 万余元，增幅 525%。尤其是 2018 年执行新的薪酬体系后，打破了合同工和正式工的界限。收费站站长基本工资达到管理处机关高级业务员岗位的水平，高级技师基本工资达到集团中层管理副职的水平。同时，有毒有害职业健康津贴从 2 ～ 4 元 / 班调高至 10 元 / 班。根据国家有关政策，集团还将进一步完善增长机制，不断提高产业工人的工资待遇水平。

四、完善激励机制，解决好“提高”的问题

完善岗位考核激励机制。在对产业工人进行“星级考评”的基础上，

引入关键绩效指标（KPI）岗位考核体系，并将考核结果应用于调薪和岗位调整，真正实现多劳多得。

积极打通产业工人晋升通道。出台了《人员管理办法》《岗位管理办法》等制度，以岗位聘任为依据进行人员类别界定，将员工分为管理人员和生产人员两类，打破原有“固定工”“合同制”“一线人员”3种身份类别，建立管理、技术、技能和生产4类岗位晋升通道。同时，注重产业工人的培养和选拔。截至2021年6月，集团各级单位聘任了300余名优秀一线产业工人到关键管理岗位工作。

五、推进劳动竞赛，解决“成长”的问题

结合业务需要，集团申报了收费、监控、隧道消防等工种的省级劳动和技能竞赛项目。近几年，已有5人获省级技术状元并被授予五一劳动奖章，2人获评省部级劳动模范，近50人获省级“技术能手”称号，成立了10余个“三室一站”（职工创新工作室、云岭工匠创新工作室、劳模创新工作室和技师工作站）。获奖人员逐步成为业务骨干，有的已经走向管理岗位。加大对先进典型的宣传，在产业工人中进一步弘扬劳模精神、劳动精神、工匠精神，不断为产业工人搭建成长、成才的平台。

六、注重人文关怀，解决好“暖心”的问题

近年来，集团始终全方位关爱产业工人的精神需求和生活需求，切实增强产业工人的获得感、幸福感。在云南省总工会的支持下，先后建成200余个职工之家、职工驿站、探亲关爱室、母婴关爱室。

在基层站点大力开展美丽家园建设、文艺下基层、健康进工地等活动，为产业工人免费提供宿舍、工作服，发放伙食补贴，每个站点都建立了温馨的职工小家，支部党建全部合格，建成了一批标杆站点。

通过开展职工医疗互助、送温暖、困难职工解困脱困等工作，切实解

决产业工人生活上的困难。2020 年，慰问、看望一线困难产业工人 106 人次，为 248 名产业工人报销住院补助 30 余万元，11 名建档立卡产业工人实现解困脱困。

集团多措并举，使得产业工人队伍的幸福感、认同感、获得感持续提升。

多措并举推进陕西国防系统产业工人队伍建设改革走向深入

陕西省国防工会

陕西省国防工会覆盖航空、航天、兵器、船舶、邮政、电子、核工业、通信 8 大行业共 243 家企事业单位的近 30 万名职工，汇集了大量国防科技工业的高端科研人才和高技能人才，有全国劳动模范 57 人、全国五一劳动奖获得者 89 人、陕西省劳动模范 388 人、大国工匠 3 人、三秦工匠 24 人，有省部级及以上职工（劳模）创新工作室 120 个，其中全国职工（劳模）创新工作室 7 个。

一、加强思想政治建设，引领产业工人听党话、跟党走

陕西省国防工会坚持以习近平新时代中国特色社会主义思想为指引，教育引导职工听党话、跟党走。

强化党建机制，促进党建工作与军工生产深度融合，深入推进“党建 +”工程，把党建工作融入军工生产全过程，建立国防工会主席定期深入企业班组讲党课制度，建立健全国防企事业班组常态化学习机制。

发挥先进典型的示范引领作用，开展“中国梦 · 劳动美”主题宣传教育活动，依托劳模服务团，深入企业开展“讲初心使命、学标准规范、做工匠模范”巡讲活动。

强化网上思想引领，通过数据信息，掌握职工的思想状况、所需所盼等，开展职代会提案征集、合理化建议征集、提案督办等工作，增强产业工人的主人翁地位。

二、运用“互联网 +”行动，促进产业工人队伍建设

建立、完善国防系统劳模、工匠等高精尖人才数据库，根据专业工种、绝技、绝活儿、绝招类别，进行分类共享，搭建网上学习交流平台。航天弘发公司工会开展“微课堂进班组”活动，采取“订单式”服务，由班组自选主题，工会协调把诊问脉找问题，对症下药开良方，精准帮扶促发展。

利用网络推动“五小”创新活动。组织系统内各级工会积极利用互联网平台，开展“五小”创新活动。目前，地市级“直播带货创新工作室”已创建挂牌 10 个，生产效益稳步攀升；同时积极开展市、县营业厅抖音短视频及直播大赛，丰富了“五小”创新活动内容，促进了产业工人队伍建设。

三、加强班组和职工（劳模）创新工作室建设，提升产业工人队伍的整体素质

创新、创优班组和职工（劳模）创新工作室建设，在陕西省率先提出职工（劳模）创新工作室“十有”标准，把人才培养、职工素质提升作为考核创新工作室的重要标准。截至 2021 年 6 月，系统有 88 个班组荣获国家级各类表彰，220 个班组受到省级和中央级企业集团公司表彰，涌现出了薛莹等在全行业乃至全国都具有影响力的优秀班组长。

在近两届陕西省职工科技节上，国防系统共有 461 项上报项目获得奖励。近年来，通过传承创新，职工取得有效创新成果近万项，创效 31.8 亿元；提出有效合理化建议 10.35 万条，节创效益 15.7 亿元。

四、运用劳动竞赛和职业技能大赛，拓宽产业工人的发展空间

开展不同主题、不同层次、不同工种的劳动竞赛和职业技能竞赛。国防系统在军工行业开展高新工程劳动竞赛和军民融合重点项目劳动竞赛，在通信行业和服务行业开展提质增效劳动竞赛，全系统平均每年超过 25 万

人次投身各种劳动竞赛活动中，近200个集体受到陕西省劳动竞赛委员会的表彰。

2020年，国防系统有25个工种被列入省级二类大赛，通过大赛晋升技能等级的职工是原来的3倍。全系统有徐立平、李世峰、张新停3名“大国工匠”和省部级以上劳模844人、三秦工匠24名、市级工匠200名、陕西省技术能手300余名、陕西国防技术能手200余名。

五、强化激励机制，加强对产业工人维权服务的保障

强化制度安排，保证产业工人的政治待遇。其中，薛莹同志兼任中国国防邮电工会副主席、省政协委员，徐立平兼任陕西省总工会副主席。

对在技能竞赛中获得奖励的选手，在职称评定、评先树优等活动中优先考虑；并对有突出贡献的高技能人才，协调单位按技术专家对待，提高待遇。

关心、关爱劳模和一线职工，加强职工疗休养工作。2019年开始，评选陕西国防科技工业劳动模范，并将这一荣誉作为更高层级劳模评选的基础荣誉。这在全国产业工会属于首创，现已评选两届共80名陕西国防科技工业劳动模范。

铺就产业工人“星光大道”

陕煤集团陕北矿业公司

陕煤集团陕北矿业公司是一家拥有优质煤炭产能7千万吨/年、煤炭生产服务能力2亿吨/年，资产近500亿元，职工近8000人的国有特大型煤炭企业。

近年来，公司坚持推进产业工人队伍建设改革，建机制、选载体、创特色、抓实效，打通了技术、技能、管理三个通道，全面实施职工素质提升工程，铺就了产业工人赋能成长的“星光大道”，建设了一支知识型、技能型、创新型产业工人队伍。

一、建机制，畅通产业工人发展路径

（一）坚持目标导向、问题导向，让技能人才与技术人才、管理人才同时成长进步，完善了技能工人的待遇体系，将绩效和薪酬紧密匹配，维护了职工队伍稳定，为企业发展提供了人才保障。

（二）深化劳动和技能竞赛，构建技能形成体系，制定了《实施职工素质提升五年工程纲要》《千百十人才工程实施方案》《首席工程师首席技师金牌技术员管理办法》等70余项素质提升制度和办法。

（三）在专业技术人员中评选“首席工程师”“金牌技术员”；在技术工人中评选“首席技师”“技术能手”；在基层单位开展三个“双一流”和“双十佳”创建活动，并以此作为职工上岗、转岗、职务晋升、职称评聘、工资奖励的重要依据。

（四）严格落实班组“四个一”培训考核制度，并与薪酬挂钩考核，按月兑现奖罚。通过建立素质提升激励约束机制，发挥绩效工资的激励杠杆作用，畅通素质提升和人才晋升通道，充分调动了职工学习技能、热爱创新的积极性，从机制和制度上保障了职工素质提升工程的成效。

从2017年起，陕北矿业公司创新驱动，坚持推行首席技师、首席工程师聘任工作；被聘为首席技师的每月在原工资标准基础上增加7000元，被聘为首席工程师的每月增加1万元。目前，先后聘任7名首席技师、3名首席工程师。在良好的激励机制之下，广大职工的主观能动性、创新热情不断提高，涌现出一大批优秀技能人才。

近年来，陕北矿业公司取得职称1493人，取得技能等级7753人；拥有“全国技术能手”2人，“全国煤炭行业技能大师”12人，省级首席技师、技术能手8人。

二、搭舞台，建设职工技能展示平台

（一）提升职工技能素质。陕北矿业公司积极落实人才强企战略，研究制定了《人才发展工作实施意见》，每年分专业、工种制订全员培训计划，分阶段、分层次广泛开展“当好主人翁、建功新时代”主题劳动和技能竞赛，抓好全员“双创”等群众性经济技术创新工作品牌建设，把职工素质提升工程寓于各类日常学习、交流、培训、竞赛、创新活动之中。

（二）积极开展技术交流、讲座和培训。先后邀请12名中国科学院、中国工程院院士和国内知名院所40多名专家教授，全方位开展多层级技术交流、讲座和个性化培训，为职工素质提升搭建诸多学习交流平台。这些举措让职工在丰富多彩的活动中锻炼和彰显自己的学习能力、创新能力，促进了职工队伍综合素质整体大幅提升。

（三）做强做好劳模工匠工作室。焦悦峰先后荣获“煤炭行业技能大师”“全国技术能手”等荣誉称号。他的工作室先后被命名为“煤炭行业技能大师工作室”“陕西省示范性职工创新工作室”。任保利技能大师工作室的创新项目高达100多项，产生经济效益2000余万元。凌鹏涛智能化大师工作室完成科技创新项目35项，累计创造效益3108万元。人人都是创客，事事皆可创新，这是技能人才迅速成长的深层次原因。

通过一系列激励举措，让产业工人名利双收，极大地调动了职工的积极性和创造性，破解了生产难题，企业和职工真正成了命运共同体、利益共同体。公司累计建成了8个创客总站、83个创客分站，职工累计申报创新项目1.5万余项，有效率达63%以上，全员创新参与率达80.4%。

在陕西省第五届职工科技节上，陕北矿业公司97项科技成果被评为省优秀科技创新成果，占全省的1/6；柠条塔矿业公司还被评为陕西省十大职工创新创业企业。

陕北矿业公司现已建成技能大师工作室、劳模工作室14个。其中，被命名“全国煤炭行业技能大师工作室”5个，被命名“陕西省示范性创新工作室”3个，获得陕西省高层次人才培养项目3个。

三、强激励，构建职工“比、学、赶、超”机制

全方位打造新型导师带徒长效激励机制。在管理方面，红柳林矿业公司规定，年度徒弟考核成绩在90分以上的，奖励师傅2万元，奖励徒弟1万元；考核成绩在60～80分的，奖励标准进行递减；60分以下的不予奖励。

在技术攻关方面，乔伟正编印的《美国久益7LS07采煤机日常维护及常见故障处理》维修手册，突破了国外的技术封锁，先后获得陕西省职工优秀科技创新成果银奖一次、铜奖两次。

在技能创新方面，冯敏的创新项目高达260多项，累计创效3000多万元；培训讲课120多期，培训人员7000多人次，并荣获全国煤炭行业技能大师、陕西省技术能手等荣誉，拥有12项国家实用新型专利。公司职工拥

有实用新型专利 519 件，实现效益 24.5 亿元。

通过持续推进产业工人队伍建设改革，陕北矿业公司逐步实现管理人员聘任制、劳动用工契约化、收入分配市场化的目标，构建了全员创新生态体系，助推了企业的高质量发展。这为陕煤集团奋力谱写陕西新时代追赶超越新篇章贡献了陕北矿业力量。

打造高素质产业工人队伍
支撑企业高质量发展

白银有色集团推进产业工人队伍建设改革领导小组办公室

按照中央、甘肃省、白银市关于产业工人队伍建设改革工作总体安排部署，白银有色集团（以下称为“白银集团”）对新时期产业工人队伍建设改革工作作了进一步的安排部署，各项工作顺利进行。

目前，白银集团共有1.44万名职工，其中产业工人9281人，占职工总数的64.5%。产业工人中有技能人才3986人，占产业工人总数的43%，其中高级技师221人、技师864人、高级工2409人、中级工408人、初级工84人。

一、建立科学的选人、用人机制

建立科学的选人、用人机制是加强产业工人队伍梯队化建设的基础。在招聘过程中，白银集团秉承德才兼备、以德为先的理念，严格把关，精挑细选，综合考虑年龄结构、岗位需求、学历层次、男女比例等因素，通过社会化招聘、职业院校招聘、订单式培养、复转军人安置等多种方式，按照报名、审核、笔试、面试、体检等环节，公平、公正、公开招聘产业工人，不断优化年龄结构，提高学历层次，平衡男女比例，壮大员工队伍。

二、促进产业工人的成长

（一）强化校企合作。与高职院校建立长效合作机制，以订单式培养、新型学徒制培训等为主要模式，进行深度合作。

（二）以赛促训、以赛促评、赛培结合，加速高技能人才培养。建立以岗位练兵和技术比武为基础、以国家和行业职业技能竞赛为主体、产业与地方技能比赛相交融的劳动竞赛和技能竞赛机制，抓好赛前培训，学练结合、赛评结合，精神激励和物质奖励相结合，做好赛后技术等级晋升和荣誉申报，推动形成“培训—练兵—比赛—晋升”一体化机制，把劳动和技能竞赛打造成产业工人成长成才的“星光大道”。2020 年，举办第 16 届技能大赛，有 11 个工种共 284 人参加。

（三）立足岗位，搭建平台，在项目实践中历练成长。持续推进学习型班组建设，坚持“谁使用、谁培养”原则，通过导师带徒、岗位练兵、技术比武、建言献策、“金点子”征集、立项攻关、技能带头人选拔培养等方式，充分发挥技能大师、劳模标兵等高技能领军人才的引领示范作用。以“技能大师工作室”“劳模创新工作室”等为主要阵地，以项目建设为支撑，按照矩阵式、契约化管理模式，选拔高技能人才参与科技研发和技术改造项目。

几年来，建成了全国示范性劳模创新工作室 1 个、省级劳模创新工作室 4 个、市级劳模创新工作室 5 个、集团公司级劳模创新工作室 19 个，基本覆盖了所有的生产型二级单位；建成国家级技能大师工作室 2 个、省级技能大师工作室 1 个。

（四）强化内训，系统化、专业化提升产业工人技能素养。成立培训中心，对 15 个工种 500 名职工进行脱产培训、技术等级认证。统筹整合培训资源，建立健全系统化、专业化和规范化的员工教育培训体系。

不断探索“互联网 +”远程培训新模式，推行“课堂讲授 + 现场教学 + 讨论交流”“集中培训 + 网络学习 + 实践锻炼”的立体化培训模式，建设集师资队伍、教育内容、传播渠道、培训对象于一体的多元学习平台，满足个性化学习需求。

不断加快产业工人队伍结构改善与能力提升，在推动企业发展的同时促进产业工人成长成才。

三、保障产业工人的收入

（一）完善以岗位绩效工资为主体的薪酬分配制度。完善岗位绩效工资制度，在推进分配制度改革的过程中，对薪酬管理制度进行修订完善。确保从纵向与其层级相对应、横向与其岗位相匹配，设置薪级，建立薪酬晋升通道。加强绩效考核结果的应用管理，将绩效考核结果与岗位层级等级晋升、工资兑现、培养开发、职业生涯发展等结合起来，充分发挥绩效考核的激励、约束作用。

（二）建立以市场为导向的多元化薪酬激励机制。在薪酬激励的基础上，对高技能创新人才进行不同程度的选拔、培养和激励，以提升其获得感和幸福感。2020年，集团制定出台了《“16313”人才队伍建设实施办法》，将高技能创新人才纳入重点人才范畴进行选拔、培养和激励。

在精神激励方面，多种形式大力宣传和弘扬“16313”人才先进事迹，在全集团营造“激励驱动人才、人才驱动创新、创新驱动发展”的良好氛围；在荣誉激励方面，同等条件下优先推荐“16313”人才为党代会代表、人大代表、政协委员、各类人才工程及奖项人选；在薪酬激励方面，对入选第一、二、三层次的“16313”人才，聘期内每月给予津贴补助；在工作激励方面，“16313”人才在团队人员配备、设备配备、经费使用、聘用“柔性流动”人员和兼职人员方面，享有一定自主权；在服务保障方面，对其定期进行全面体检；每年分批组织其开展学术交流、疗养休假活动，并对其做好节日走访慰问和日常服务工作。

完善产改体系机制　打造一流员工队伍

中国石油兰州石化公司

多年来，兰州石化公司坚持以人为本，突出全心全意依靠职工办企业这一经营理念，把推进产业工人队伍建设改革作为国企改革的重中之重，依靠和发动全员的智慧与力量来管理企业、建设企业、发展企业，使产业工人队伍建设成为助推企业发展的内生动力。

一、突出抓好关键环节，持续推进产改工作

公司制定贯彻落实《新时期产业工人队伍建设改革方案》的实施方案，突出关键环节，推进各项工作开展。

（一）加强组织领导，形成工作合力。在公司党委统一领导下，由工会和人事部门牵头，有关部门协同配合，将产业工人队伍建设改革工作融入公司管理各个环节，突出顶层设计，加强宏观指导、政策协调和组织推进。

（二）明确责任分工，完善运行机制。突出工作重点，制定工作时间表和路线图，压实机关部门和二级单位工作责任、完成时限、标准要求，将任务进行分解，责任到人、落实到岗，形成循序渐进、分步实施的运行机制。

（三）统一思想认识，增强主体意识。坚持正确舆论导向，大力宣传改革的重大意义、目标任务、主要举措，积极宣传先进典型、经验做法、取得成效，引导广大职工主动参与和支持改革工作，共享改革发展成果，形成良好环境氛围。

（四）强化督导检查，做好考核评价。建立党委、行政、工会及相关部门联合督导检查机制，制定督导检查、工作调度和信息反馈制度，定期开

展专项调研，每半年进行一次跟踪检查。将产业工人队伍建设改革成效纳入绩效考核，促进责任靠实、措施到位，保证了改革各项工作落到实处。

二、完善体系建设，落实产改目标任务

公司完善“四个体系”，健全“四个机制”，推进产改工作，努力打造一支高素质的技能员工队伍。

（一）完善思想政治建设体系。加强基层党建工作，强化理想信念教育，大力弘扬优良传统，不断提高员工队伍的思想政治素质。

（二）完善技能提升体系。强化基本功训练，提升操作技能员工的基本技能。持续开展全流程、全方位、多形式的培训，切实提高操作技能员工的精准操作能力和应急处置能力。推广星级工培训，提升操作技能员工的多岗技能，最终实现操作技能员工由单一岗位操作向“系统化、全流程”操作的转变。围绕公司主营业务和重点领域，以解决生产实际难题、强化生产管控水平、培养骨干接续力量为目标，选派优秀骨干人才到生产厂家、科研院所、高校以及部分专业特色优势明显的单位学习进修，使其开阔视野、增长才干、提升技能。

（三）完善技能评价体系。完善量化考核标准，促进高技能人才脱颖而出。建立“一量化、三挂钩”的技能人才考核体系，从以往的工作业绩、态度评价转变为任务目标定性、定量评价，从而形成量化考核、能上能下、刚性兑现的良性运行机制。

（四）完善职业发展体系。完善初级工、中级工、高级工、技师、高级技师、首席技师、企业技能专家、集团公司技能专家、集团公司技能大师九级成长通道。打通横向转换通道，拓展技能人才发展空间。建立操作技能序列、专业技术序列及经营管理序列的相关层级转换对应关系，鼓励技能人才参与专业技术序列及经营管理序列相应层级的岗位竞聘。通过跨序列转换，让德才兼备的优秀技能人才在更大空间发挥作用、实现价值。

（五）健全人才培育机制。搭建技能提升平台，深化师带徒工作，培育高技能领军人才，发挥骨干“传、帮、带”作用。

（六）健全价值激励机制。完善奖金基数、岗位序列系数和效益贡献系数。坚持以知识价值为导向，加大知识、技术要素参与分配的激励力度，让最有价值、最有创造愿望、贡献最大的操作技能员工“名利双收”，充分调动各类人才创新、创造的积极性。培育选树先进典型，激发员工成长的正能量。深入开展劳动模范、石化工匠等评选工作，加大对操作技能员工和先进人物的宣传力度，积极营造崇尚先进、学习先进、争当先进的良好企业氛围。

（七）健全创新实践机制。加大经济技术攻关，推进创新、创效成果应用，加强政策理论研究，不断改进工会工作，助推员工队伍成长。

（八）健全服务保障机制。突出员工主体地位，发挥基层工会职能，注重员工职业健康，维护员工生命安全，保障员工合法权益。

三、推进各项举措落地，改革取得实际成效

公司紧密围绕生产经营中心任务，着力推进各项举措落地，产改工作取得阶段性成果。

（一）人才成长迈上“快车道”。大力实施“千名高技能人才培育计划”，进一步完善从初级工到技能大师的九级成长通道，建立“将专家打造成劳模、将劳模培养成专家”的人才培养机制，共建成劳模工作室 18 个，选树工匠 36 名，在聘技能专家、技师 878 人。

（二）科技成果层出不穷。“十三五”期间，公司实施科技创新、创效攻关项目 200 余项，实现了汽柴油国Ⅲ到国Ⅵ质量升级“四级跳”，取得了 2 项国家科技进步奖。医用聚烯烃树脂产业化开发技术及安全性评价技术被评为“中国石油十大科技进展”之一。“催化剂合成制备过程清洁高效节能技术研究”项目获集团公司科技成果转化奖。

（三）群众性创新、创效成果丰硕。3 项成果被评为甘肃省职工优秀技术创新成果，2 种工作法被评为甘肃省职工先进技术操作法。在第 24 届全国发明博览会上，公司 18 项发明获得金、银、铜奖，公司荣获“优秀展团奖”。

坚持引导职工、组织职工、凝聚职工
培养造就新时代高素质职工队伍

国网青海省电力公司

国网青海省电力公司在青海省委、省政府、省总工会和国家电网公司领导下，以习近平新时代中国特色社会主义思想为指导，深入贯彻落实产业工人队伍建设改革有关部署要求，进一步加强和改进工会工作，围绕中心，服务大局，以坚定的政治性引导职工、以鲜明的先进性组织职工、以广泛的群众性凝聚职工，较好地完成了各项改革任务。

一、强化产业工人队伍机制建设，不断夯实工作基础

国网青海省电力公司高度重视产业工人队伍建设改革试点工作，公司领导主持召开专题会议，对贯彻落实实施意见和项目试点工作进行安排布置。

由工会牵头，组织专业部门，结合公司实际，制定了《国网青海省电力公司贯彻落实〈新时期产业工人队伍建设改革方案的实施意见〉的工作方案》，确定了推动产业工人队伍建设改革任务 69 项、具体落实措施 157 条。其中，涉及项目试点工作职工人才队伍建设方面的工作任务共 25 项、具体落实措施 49 条。截至 2020 年底各项措施已全部落实到位。

二、加强职工人才队伍建设，大力实施职工成长计划

近年来，公司先后制定印发《岗位绩效工资制度实施细则》《职员职级管理实施细则》《关于实行班组长契约化管理的指导意见（试行）》《关于市场化单位高精尖引进人才协议工资的指导意见（暂行）》《双创孵化培育

项目管理执行手册》《双创孵化培育基金项目管理细则》《优秀人才选拔考核总体方案》等涉及职工队伍建设、薪酬激励机制、人才强企战略方面的制度。

实施“411”优秀年轻领导人员队伍培养锻炼计划。加强专家人才队伍培养，2020—2021年，遴选出公司级各业务领域专家人才105人，聘任第一批公司级专家人才18人，并按照人才激励机制相关规定落实薪酬待遇。依托科研攻关项目，实施“选、培、用、评”一体化管理模式，培育各层级专家人才242名，构建了较为合理完善的科技人才梯队。大力实施青年职工成长计划，制定8个方面共35个岗位的能力评价标准，近5年培养青年专业人才1384名。

三、多点发力，努力造就新时代高素质职工队伍

（一）大力弘扬劳模精神、工匠精神，引领职工创先争优。积极组织开展劳模先进集中宣传和劳模先进“四进”（进基层、进车间、进班组、进现场）活动，积极营造“学习劳模、尊重劳模、关爱劳模、争当劳模”的良好氛围。充分发挥劳模及先进人物的引领作用，公司职工3人荣获全国劳模，3人荣获“青海高原工匠”。

（二）广泛开展劳动竞赛，拓展职工成才、成长平台。近年来，公司在青藏联网、青新联网、玉树联网、川藏联网、果洛联网、青豫特高压等重点工程建设中，深入开展“六赛一创”劳动竞赛。持续开展职工职业技能竞赛活动，已连续开展9届。2019年，组织职工近3万人次参加变压器检修、无人机巡检等54个专业项目竞赛的培训、选拔和决赛。2020年，175名职工荣获青海省第十五届职工职业技能大赛“技术状元”“优秀选手”称号，36名选手晋升技师等级。

（三）强化班组建设管理，夯实企业基本功。深入开展“创建先进班组、争当工人先锋号”活动，突出“班组建设再提升、建功建家创一流”

主题，打造“一流班组建设水平、一流班组职工队伍、一流班组管理人才”。深入开展“班组微讲堂”活动，建立“班组微讲堂”的“三级三化”管理机制，即省公司、地市公司、班组“三级”联动体系和“班组微讲堂”规范化引领、常态化开展、制度化管理的“三化”管理机制。近3年开展“班组微讲堂”活动3万多次，营造了“人人上讲台、个个当专家”互帮互学、勇于争先的良好氛围。

（四）加强职工技术创新工作，充分发挥创新工作室的示范引领作用。制定《关于加快人才高质量发展的实施意见》《“新跨越行动计划”实施方案》，组织召开公司科技大会，为职工创新、创效活动“搭台子、铺路子、架梯子”，通过畅渠道、优结构、提质量、强激励，落实更加积极、更加开放、更加务实的人才政策。

大力实施职工创新平台和载体建设，积极组织开展劳模（职工）创新工作室创建工作，已创建各类工作室43个，省级以上劳模（职工）创新工作室6个。职工技术创新优秀成果大量涌现。近2年，各创新工作室产出创新成果448项、专利150余项。

用“四抓法”构建产业工人队伍建设工作体系

中国铝业青海分公司

中国铝业青海分公司认真学习习近平总书记关于产业工人队伍建设改革的重要论述，深入贯彻落实青海省委、省政府和省总工会关于新时期产业工人队伍建设改革工作的要求，抓好思想引领、建功立业、素质提升、地位提高、队伍壮大等重点工作，培养和造就了一支有理想守信念、懂技术会创新、敢担当讲奉献的职工队伍，为推动公司绿色高质量发展作出了积极贡献。

一、抓牢政治保证，加强产业工人队伍思想引领

公司紧紧围绕“爱党、爱国、爱社会主义”的主题，广泛开展“永远跟党走”“使命在肩、奋斗有我”“最美青铝人”等群众性主题宣传教育活动，并通过开展“每周一星”、“夸夸工友”有奖征文、“展劳模风采　讲工匠故事”劳模工匠创新大讲堂，以及在重大节庆日开展红歌赛、快闪、文艺演出等寓教于乐的活动，引导广大职工增强“四个意识”、坚定“四个自信”、做到“两个维护”。

二、抓实制度落实，形成产业工人队伍建设改革联动机制

公司党委成立了推进产业工人队伍建设改革协调领导小组，形成了由党委统一领导、工会协调组织、各职能部门共同参与的组织体系，形成了多部门协作齐发力、各举措并行抓落实的联动机制。先后出台了《中国铝业青海分公司党委关于加强产业工人队伍建设的实施意见》等9项涉及产

业工人队伍建设的管理办法或制度。企业产业工人队伍建设改革协调领导小组多次召开专题会议研究部署，加强对产业工人队伍建设改革的宏观指导、政策协调和组织推进，及时推广产业工人建设改革的先进典型、成功经验和做法。

三、抓紧素质提升，增强产业工人队伍建设改革工作实效

公司在推动产业工人队伍建功立业上狠下功夫。

（一）劳模（职工）创新工作室活动出成果、创效益。依托 5 个劳模（职工）创新工作室，积极开展“五个一”创新活动，先后解决生产技术难题 59 项，参与实施推广应用铝电解节能降耗新技术 5 项、提质增效技改创新项目 16 项，为公司节约各项费用 1404 万元。近 3 年来，工作室成员共获得了 6 项国家“发明专利”和 32 项国家“实用新型技术专利”。

（二）“六型”班组建设强基础、提水平。在班组中推行了 536 标准化班会，并按照《公司班组建设升级建家暨“六型”班组创建考评办法》进行“十佳班组”“优秀班组”的评比。每年公司用于表彰班组的奖励达到 40 万元，做到了有目标、有考核、有激励。

（三）先进操作法、特色管理法活动聚众智、攻难关。通过车间、分厂和公司发布评审，涌现了“新民快速发号器”“班组标准化操作微视频培训法”等以职工姓名命名的先进操作法和特色管理法 160 多项。

（四）劳动和技能竞赛强素质、提能力。推动竞赛与劳模评比、职称评定、技能晋升等相融合，每年组织开展全员参与岗位练兵、技术交流、技能培训等活动，开展“金点子”“银点子”征集以及职工创新创意大赛，为职工成长、成才搭建平台、提供舞台。围绕急难险重任务积极开展主题劳动竞赛，营造了“比、学、赶、帮、超”的氛围。

四、抓住权益维护，保障产业工人各项待遇落地

公司按照《青海省企业民主管理条例》，建立健全了两级职代会制度，完善了职代会议事、表决、报告和提案征集、答复、督办制度，形成了公司、分厂、车间和班组四级厂务公开机制。公司多次荣获青海省劳动关系和谐企业、青海省厂务公开民主管理先进单位等荣誉称号。

认真落实以员工为中心的发展思想，职工收入连续5年保持增长，跑赢了全国居民人均可支配收入的幅度，提高了职工的获得感和幸福感；认真听取职工意见和心声，实施了职工浴室、厕所修缮、厂区道路整治、职工停车场改造、通勤车更新、职工食堂饭菜质量改善以及发放福利、职工疗休养等民心工程；认真做好职工临时困难帮扶，本着“不让一名职工看不起病，不让一名职工过不了年，不让一名职工子女上不起学”的“三不让”的帮扶原则，建立了职工互助帮扶基金，坚持春送健康、夏送清凉、秋送助学、冬送温暖；认真维护职工健康权益，定期开展健康体检和健康讲座；认真拓宽职工晋升通道，推行了五级技师和五级工程师激励制度。其中，首席技师和首席工程师享受公司副总待遇，四级技师和主任工程师享受中层干部待遇。这些举措为一线骨干员工打通了职业发展“绿色通道”。

走在前列　勇立潮头　做好表率　推动银川市产业工人队伍建设改革落地见效

宁夏回族自治区银川市推进产业工人队伍建设改革协调小组办公室

近年来，银川市总工会高度重视产业工人队伍建设改革工作，坚持以习近平新时代中国特色社会主义思想为指导，认真贯彻落实中央和自治区关于新时代产业工人队伍建设改革工作要求，认真履职，积极探索，多措并举，努力打造有理想守信念、懂技术会创新、敢担当讲奉献的产业工人队伍。

一、始终坚持“维护核心、紧跟核心”的政治立场，进一步增强产业工人“听党话、跟党走”的政治自觉和行动自觉

（一）强化党建引领。通过实施企业党组织建设攻坚行动、开展集中组建季等活动，实现党组织和党的工作全覆盖。截至 2021 年 6 月，市属国有企业党组织覆盖率 91.2%，非公企业党组织覆盖率 76.28%。

坚持党建带工建，工建服务党建。聚焦清洁能源、新型材料、枸杞、葡萄酒等新产业，以“三新”组织、“八大群体”为重点，采取“五建”模式，开展集中建会入会行动。推进“会、站、家”一体化建设，形成帮扶、维权、服务“三位一体”的职工服务体系。截至 2021 年 6 月，银川市共有基层工会组织 4158 家、会员 43.27 万人、产业工人 22.3 万人，累计建设“职工之家”200 余个。

（二）加强思想政治引领。深化“中国梦 · 劳动美”主题宣传教育，开展“同升一面旗 · 同唱一首歌”“我和祖国共成长齐奋进”“职工春晚”等系列宣讲教育和职工文化活动 3000 余场次，推动习近平新时代中国特色社

会主义思想和党的十九大精神进企业、进车间、进班组。

强化意识形态建设，以“新时代工会大讲堂”和“新时代劳模宣讲团”为载体，大力弘扬劳模精神、劳动精神、工匠精神，团结引领产业工人坚定不移听党话、跟党走。

二、始终传承“崇尚劳动、热爱劳动、辛勤劳动、诚实劳动”的劳动精神，进一步释放产业工人建功立业的激情和活力

（一）发挥技能竞赛引领作用。建立健全培训、练兵、竞赛、晋级、奖励“五位一体”的职工技能提升长效激励机制，以“壮丽70年·当好主人翁·建功新时代”为主题，围绕全市高端装备制造业、新材料、新能源、葡萄酒等“十大产业”，开展了“六比一创”劳动和技能竞赛以及银川都市圈技能大比武活动300余场次，参与职工100余万人次，参与面达93%以上。

（二）深化技术创新活动。连续开展了三届“十佳五小”职工创新技术成果竞赛评比展示活动，全面激发了广大产业工人的创新、创造活力，累计推出技术革新5000余项、发明创造1800余项、专利1000余项，推广先进操作法500余项；充分发挥优秀人才“传、帮、带”作用，累计创建全国示范性劳模创新工作室2个、自治区级劳模创新工作室12个、银川市级劳模创新工作室106个。

加快科技创新平台建设，围绕战略新材料、现代装备制造等主导产业，以市场化运作为导向，以企业为主体，融合科研机构、行业技术专家等创新要素，成立了上海交通大学（银川）材料产业研究院、共享智能产业创新中心有限公司等多家科研机构。

（三）强化技能素质提升。出台《银川市职业技能提升行动实施计划（2019—2021年）》，每年大规模开展产业工人基础性职业技能培训30万人次。2019年，培育“十大产业”高技能人才1000余人，新建技能人才

（劳模）创新工作室 20 家、职工实训基地 8 家。加大高校合作力度，与西北农林科技大学合作成立了“中国葡萄酒产业技术研究院”，与中国石油大学（华东）合作成立了职工培训基地。

三、始终坚持“勇于担当、敢于作为”的实干精神，进一步拓展产业工人成长的途径和通道

认真贯彻落实中央办公厅、国务院办公厅印发的《关于提高技术工人待遇的意见》，出台《关于进一步优化人才发展环境　助推高质量发展的十一条措施》《银川市学术技术带头人储备工程实施办法》等配套政策，着力提高技术工人薪酬和待遇水平。

推进“首都带首府”“闽宁合作”“苏银合作”等跨区域人才引进合作机制，围绕“十大产业”，通过技术指导、项目合作等方式，引进急需紧缺高层次人才 200 余名、人才团队 30 余个。

优化技能导向的人才激励机制，实施“凤城工匠”“金牌工人”评选表彰活动，选树的劳动模范中产业工人占 65% 以上。

畅通产业工人政治参与渠道，提高产业工人在“两代表一委员”、群团挂兼职干部中的比例。银川市总工会十七届委员中，先进模范人物占 20%，工人代表占 25%，较往届有了较大幅度提升。

四、始终聚焦“维护权益、服务职工”的主责主业，进一步提升服务产业工人的能力和水平

推行政府与工会联席会议制度，劳动关系三方协商机制卓有成效开展，深化集体协商、企业民主管理工作，创新建立“法院 + 工会”机制，开展“安康杯”竞赛、“尊法守法・携手筑梦”服务农民工法治宣传和公益法律服务等活动，切实维护好产业工人的民主政治权益和劳动经济权益。

大力推进“互联网 +”工会普惠性服务，不断拓展普惠内容，提升服

务水平。建立在职职工医疗互助、大病救助、意外伤害“三位一体”的普惠救助体系，为 1700 余名职工发放医疗互助金 400 余万元。

大力实施“春送岗位、夏送清凉、金秋助学、冬送温暖”四季关爱行动，共筹措资金 1000 余万元，慰问救助职工（农民工）、困难职工及其子女 20 万余人次。银川市职工服务中心荣获“全国五一劳动奖状”。

创新探索　狠抓落实
全面推进产业工人队伍建设改革落地见效

国家能源集团宁夏煤业公司

为深入学习贯彻习近平总书记关于工人阶级的重要论述特别是关于产业工人队伍建设改革的重要指示精神，宁夏煤业公司按照自治区产业工人队伍建设改革方案的要求，围绕打造一支有理想守信念、懂技术会创新、敢担当讲奉献的新型产业工人队伍目标，重点从强化产业工人思想政治引领、构建发展成长体系、完善技能提升机制、保障和维护权益等方面统筹谋划、有序推进，改革成效逐步显现。

一、思想引领，团结广大产业工人听党话、跟党走

（一）强化基层党组织建设。坚持抓基层、打基础，持续推进基层党组织星级标准化建设，已建成五星级党支部 15 个、四星级党支部 75 个、三星级党支部 195 个，占支部总数的 36.1 %。加大在职工中发展党员的力度。2020 年，发展党员 283 名，其中产业工人 256 名，占 90.5%。

（二）切实发挥工会组织的作用。贯彻全心全意依靠职工办企业的方针，职代会讨论涉及职工切实利益的重大事项，提案处理率、满意率均为 100%。3800 个班组工会小组广泛开展班组民主活动。扎实推进社会主义核心价值观铸魂工程。通过"中国梦・劳动美"主题活动、道德讲堂、"职工好故事"大赛、劳模工匠事迹报告等形式，润物无声地开展宣传、宣讲，团结引导职工听党话、跟党走。

（三）巩固产业工人的主人翁地位。增加产业工人在各级组织中的比例——公司董事会董事 9 名，其中职工董事 1 名；监事会监事 5 名，其中

职工监事 2 名；职代会产业工人代表占比超过 50%；工会委员会委员 37 名，产业工人 8 名，占 22%；基层团支部 181 个，由产业工人兼职团支部书记的 50 个，产业工人主人翁地位更加稳固。

二、多措并举，产业工人队伍发展成长体系不断健全

（一）完善职业技能培训制度。修订《职工教育培训管理办法》《职业技能提升行动方案（2020—2021 年）》等 9 项涉及产业工人技能提升的制度方案，搭建了培训制度体系，完善了职工终身职业技能培训运行机制，加大从业人员安全培训、特种作业培训、技能实操培训和班组长特训力度，年培训数量超过 6 万人次。

（二）积极推进产、学、教、研融合。公司下属的宁夏工业职业学院主动推行“企校双制、工学一体”的新型学徒制、现代学徒制办学模式，建设“一个中心、五大基地”，生产与教学功能一体的实训布局，满足企业核心生产力高技能人才培训需求，实现了学历与技能双提升，“招工即招生、入企即入校”。

（三）优化职业技能评价方式。宁夏煤业公司技能鉴定站可满足近 20 个工种学员实操训练及学院主体专业学生校内实践性教学需要，是区内唯一一家煤炭特有工种鉴定机构。其不断优化技能评价方式，推进各职业（工种）实操模拟软件上线，每年开展 94 个煤炭特有工种、46 个非煤特有工种、11 个通用工种的职业技能鉴定工作，进一步提升了鉴定效率和水平。

三、统筹推进，产业工人队伍技能提升机制逐步完善

（一）为产业工人晋升“开道”。将产业工人纳入党管人才“总盘子”，打造有理想守信念、懂技术会创新、敢担当讲奉献的产业工人队伍，拟订《公司人才队伍建设实施办法》，明确了公司首席师、基层单位首席师、一

级师、二级师、三级师 5 个技能等级的晋升条件和考评方式，制定了相应等级的人才津贴标准，激励各类人才主动提升，发挥作用。

（二）为产业工人提素“搭台”。建成 100 个劳模（工匠）创新工作室，聚合各专业技能人才，师带徒，“传、帮、带”，促进产业工人提素提技。举办了 12 届多工种、多层次的职业技能竞赛，培养选拔了一大批高技能人才。创新设计开发了一套适应产业工人提高技能需求的网上展厅，展示产业工人的成就亮点，促进了创新成果的学习交流和推广应用。

（三）为产业工人成长成才“助力”。建立和完善评先表彰制度，每年在产业工人中评选劳动模范 30 名、工匠 10 名、十佳百优班组长等，分别给予重奖。连续 8 年开展了职工经济技术创新优秀成果表彰，每年表彰奖励 260 项，激发了“全员提素、万众创新、岗位创效”的热情，职工获国家专利 236 项。

四、维权服务，产业工人权益得到有效维护

（一）关爱职工健康。开展粉尘防治等专项整治活动，发挥 15 个克尘工作室作用，引进并自主攻关防尘治尘等技术成果 65 项。开展“全员家访”活动，掌握职工身心健康状况。实施“白口罩”职业病防治工程，每年开展全员健康体检、职业病体检和洗肺治疗，每年组织 3000 名职工疗休养，每年开展健康知识普及和义诊活动，做实职工健康关爱服务。

（二）建立帮扶体系。完善帮扶长效机制，压实帮扶主体责任——每季度开展大病救助活动，救助 100 余人；每年“两节”期间开展“一助一”“多助一”结对子帮扶活动，入户、到岗、进病房慰问劳模、困难职工、伤残人员、捐献造血干细胞志愿者等 5000 余人；每年通过“金秋助学”项目资助困难职工子女 400 余人。多措并举，确保产业工人全部脱贫。

（三）丰富职工生活。发挥阳光艺术团、公司文联体育 29 个协会作用，

举办“书香宁煤”读书活动，“颂歌新时代”宁煤好声音职工文艺展演和书法、绘画、摄影、微视频大赛；开展“唱响新时代”和“安全伴我行”文艺下基层慰问演出；举办“安康杯”球类、棋牌类比赛，满足职工求知、求乐、求美的精神文化需求。

聚焦公司发展目标
推动产业工人队伍建设改革“四大突破”

国网新疆电力公司

国网新疆电力公司聚焦公司战略目标，贯彻落实《国网公司产业工人队伍建设改革试点工作方案》，统一思想，统一部署，形成合力，积极推进产业工人队伍建设改革取得阶段性成效。

一、职工思想引领实现突破

加强产业工人理想信念教育，启动“强根铸魂、党建巩固提升工程”。坚持把学习贯彻习近平新时代中国特色社会主义思想、党的十九届五中全会和第三次中央新疆工作座谈会精神作为职工教育培训必修课，深入开展学习研讨，开设网站专栏，举办专题讲座，撰写署名文章，开展座谈讨论交流，组织3万余名员工参加网络答题，营造学习宣贯浓厚氛围。

广泛开展社会主义核心价值观教育，大力弘扬劳模精神、劳动精神、工匠精神，凝聚干事创业的强大正能量。开展“推动战略目标落地　弘扬社会主义核心价值观”主题征文活动。在各族职工群众中深入开展民族团结宣传教育，促进各族职工群众的交往、交流、交融，自觉服务维护社会稳定和长治久安的总目标。

二、职工素质提升实现突破

将聘任制纳入管理、技术专责和各类班组长岗位，完成468名管理、技术专责岗位，37名股级人员，311名班组长，170名供电所长岗位周期聘任工作。

开展新入职员工试用期和首次续订劳动合同两个“窗口期”评价，加强劳动合同新签及续签等关键环节管控。落实“三优三降”政策，完成1525名高校毕业生招聘工作。指导市场化单位规范开展社会招聘，增强市场化单位核心竞争力。制定公司的省管产业单位供电服务公司的招聘差异化条款，争取政策扶持，助力供电服务公司发展。

发挥青年员工主力军作用，建立“3+4+5”青年员工成才培优体系，明确3年基础（“3”即“入职1～3年”）、4年成才（“4”即“入职4～7年”）、5年培优（“5”即入职“8～12年”）阶段培养目标及措施，将青年员工队伍建设成效纳入领导班子考核重要内容，助力青年员工立足岗位创新、创效。

逐步提升员工队伍素质。制定23个教育培训三年规划，明确258项重点工作任务措施。常态化开展运检、营销、调控、信通、安监专业岗位测评工作，将测评结果与个人和单位绩效挂钩，提升员工岗位胜任力。

三、职工建功立业实现突破

大力弘扬劳模精神、劳动精神、工匠精神，完成首届“新疆电网十大工匠”评选，营造专业专注、精益求精、创新创造的敬业氛围。公司2名职工荣获全国劳模、7名职工荣获自治区劳模。

开展“新疆电网十大工匠”宣传活动，充分利用公司网页、楼宇电视、微信平台等方式，广泛宣传工匠人才事迹。举办劳模、工匠人才事迹报告会，营造学习先进、崇尚先进、争当先进的浓厚氛围。

广泛开展劳动和技能竞赛，组织开展群众性安全生产活动。深入落实国网公司“新基建”劳动竞赛、西北电力工委“提质增效”劳动竞赛，召开2次推进会，发挥工人阶级主力军作用，激励广大职工团结奋进、担当作为。

四、精准服务职工实现突破

落实为职工办实事要求，制定减轻班组负担的 66 项措施，有效激发班组活力。

提供满足职工诉求服务 112 项。立项和田公司倒班用房、职工周转房建设计划，2022 年全部投入使用。职工慰问“三必贺、三必访”实现全覆盖。建设“智慧工会”，以家事、建家、爱家、家务、家园 5 大模块为核心，制定涵盖通知信息、家园新事、党团建设、制度建设、安全建设等 41 个子模块的平台服务建设，实现“疆电家园”掌上平台运行，打通服务职工“最后一公里”。

完成 9 家地市公司共 235 个典型班组问题的摸底，梳理 9 大类共 39 个共性问题、14 类专业共 578 个个性问题，逐条制定整改措施。制定 15 个方面共 66 项班组减负措施，建立督办销号机制，跟踪减负措施落实。

建立实体化服务中心，制定“有固定场所、有专人负责、有上墙制度、有诉求渠道、有服务手册”的“五有”建设标准，实现职工诉求服务中心全覆盖。

开发“疆电家园”手机 App，研发内网职工诉求管理应用系统，设立各单位职工诉求服务热线，搭建职工诉求“三个阵地”，畅通职工表达诉求渠道，确保件件有着落、事事有回音。推进南疆三地州职工文体活动场所建设，启动县级文化场所三年建设计划，对 4 家单位支持经费 185 万元。

突出重点任务
推动产业工人队伍建设改革向纵深发展

新疆生产建设兵团

新疆生产建设兵团深入贯彻落实中共中央、国务院《新时期产业工人队伍建设改革方案》，坚持党委统一领导，党政有关部门各司其职，工会、行业协会、企业代表组织充分发挥作用，统筹社会组织的协同力量，形成整体合力，突出工作重点，推动产业工人队伍建设改革工作取得了阶段性成果。

一、加强和改进产业工人队伍思想政治建设

（一）强化和创新产业工人队伍党建工作。加大在产业工人中特别是一线产业工人中发展党员的力度，把技术能手、青年专家、优秀工人吸收到党组织中来。突出发挥国有企业党员作用，着力排查和解决国有企业党员空白班组问题，做到关键岗位、艰苦岗位有党员；注重从非公企业、社会组织中发展党员，从2020年起实施计划单列。2021年以来，共发展产业工人党员454名，占兵团发展党员计划数的5.9%。

（二）深入开展“不忘初心，牢记使命”主题教育，推进“两学一做”学习教育常态化、制度化，不断增强产业工人的先进性。大力实施习近平新时代中国特色社会主义思想培训计划，将习近平新时代中国特色社会主义思想全面纳入党干校培训计划和教学布局。认真落实《2019—2023年兵团党员教育培训工作规划》，加大对产业工人党员的培训力度。在连队，重点围绕巩固脱贫攻坚成果、实施乡村振兴战略和提升致富、带富能力等开展培训；在国有企业，重点围绕党对国有企业的领导、深化国有企业改革、

实现国有企业保值、增值等开展培训。

（三）弘扬劳模精神、劳动精神、工匠精神、兵团精神，维护产业工人队伍团结和统一。2020 年，在评选推荐的全国、自治区劳动模范和先进工作者中，产业工人占比 60.78%。紧紧围绕新疆工作总目标，深入开展“去极端化”活动，开展“民族团结一家亲”和民族团结联谊活动，宣传教育和引导各族产业工人牢固树立“三个离不开”思想，不断增强“五个认同”，促进各族产业工人交往、交流、交融。

（四）健全保证产业工人主人翁地位的制度。把开职代会、选职工董事及监事、集体协商、劳动争议调解等维护职工权益、协调劳动关系的制度纳入国资国企改革的公司章程和企业管理制度中，并融入企业治理结构。适当增加产业工人在党的代表大会代表中的比例，在兵团各级党委换届时产业工人党代表名额较上届党代会有所增加。开展集体协商“百日要约”行动，与劳动关系三方工作开展对各师市 2019 年构建和谐劳动关系情况的考核评价，切实维护职工的合法权益。

二、构建产业工人技能形成体系

（一）完善现代职业教育制度。调整优化了职业院校专业布局，健全了职业教育专业随产业发展动态调整的机制，指导兵团职业院校根据产业转型升级对技术技能人才的需求，开展高职扩招工作，实施连队（村）“两委”班子成员、企业技能人才、幼儿教师 3 个专项计划，支持符合条件的企业职工通过就读高职院校提升学历和综合能力。建设兵团全民终身学习网并投入使用，鼓励产业工人利用信息化手段和碎片化时间学习，推动学习型社会建设。

（二）统筹发展职业教育和职业培训。发布了《关于印发兵团推进产教融合建设试点工作方案的通知》，并选定首批 16 家兵团产教融合型企业进行培育。2020 年，下达兵团新型职业技术学院实训楼建设项目、第二师铁门关职业技术学院综合实训基地建设项目、第五师双河市职业技术学校实训楼建设项目、第十四师昆玉市职业技术学校实训楼基地建设项目投资计划，总投资额 9500 万元。

（三）培育更多高技能人才。制订“兵团高技能人才振兴计划”，加大国家级高技能人才培训基地和大师工作室项目建设力度，制定印发《关于贯彻落实鼓励引导人才向艰苦边远地区和基层一线流动意见的实施方案》，印发《兵团发展改革委关于加强典型经验做法交流借鉴　全力推动农民工有序返岗复工的通知》，指导各师市结合实际，做好稳就业、促就业相关工作。

三、创新产业工人发展制度

（一）创新技能导向的激励机制。贯彻落实《职工创新补助资金管理办法》，鼓励和支持一线职工的技术创新活动，支持创新工作室开展技术攻关、技术革新、发明创造等。兵团人才发展专项资金拨付 200 万元支持高技能产业工人队伍建设。

（二）改进劳动和技能竞赛体系。执行《企业劳动和技能竞赛绩效评估指标体系（试行）》，进一步提高非公企业劳动和技能竞赛工作水平，建立以企业岗位练兵和技术比武为基础、以兵团和行业职业技能竞赛为主体的劳动和技能竞赛机制，提升兵团职业技能竞赛整体水平和青年产业工人培养质量。围绕兵团重大工程、重大项目、重点产业劳动和技能竞赛，定期对竞赛优胜企业和先进个人进行评选表彰。

（三）加大对产业工人创新、创效扶持力度。结合兵团工业、企业的行业特点，重点在纺织、建筑等行业组织开展行业性技术比武活动，推动大众创业、万众创新蓬勃发展。积极探索多种有效的校企合作模式，扩大“1+X”证书制度试点规模，组织 9 所职业院校 1906 名学生参加第三批试点工作，进一步推进产教融合，努力实现校企互利共赢。

图书在版编目（CIP）数据

产业工人队伍建设改革试点案例汇编·第一辑／推进产业工人队伍建设改革协调小组办公室编. —北京：中国工人出版社，2021.10
ISBN 978-7-5008-7737-0

Ⅰ.①产… Ⅱ.①推… Ⅲ.①产业工人－体制改革－案例－汇编－中国 Ⅳ.①D412

中国版本图书馆CIP数据核字（2021）第195759号

产业工人队伍建设改革试点案例汇编·第一辑

出 版 人	王娇萍
责任编辑	习艳群
责任印制	栾征宇
出版发行	中国工人出版社
地 址	北京市东城区鼓楼外大街45号 邮编：100120
网 址	http://www.wp-china.com
电 话	（010）62005043（总编室） （010）62005039（印制管理中心） （010）82027810（职工教育分社）
发行热线	（010）82029051 62383056
经 销	各地书店
印 刷	北京市密东印刷有限公司
开 本	710毫米×1000毫米 1/16
印 张	18
字 数	238千字
版 次	2021年10月第1版 2023年11月第5次印刷
定 价	58.00元

本书如有破损、缺页、装订错误，请与本社印制管理中心联系更换